Vegetarisches Kochbuch für Berufstätige und Anfänger

150 vegetarische Rezepte für eine gesunde Ernährung! Inkl. Ernährungsratgeber, Einführung in die vegetarische Küche & 14 Tage Plan zum Abnehmen.

2. Auflage 2019
Copyright © 2019 – Kitchen Champions
Alle Rechte vorbehalten
ISBN: 9781096694069

Inhaltsverzeichnis

Vorwort

Liebe Leserin,
lieber Leser,
wir freuen uns, Sie hier in diesem Buch begrüßen zu dürfen. Sie interessieren sich für die vegetarische Lebensweise, damit sind Sie hier genau richtig! Doch möchten wir nun nicht mit der Tür ins Haus fallen.

Vegetarisch kochen, das ist nicht schwer und im Gegensatz zu Veganern haben Sie es sogar noch deutlich einfacher. Sie müssen weniger auf nicht-tierische Ersatzprodukte zurückgreifen, auch wenn es hier und da nötig wird. Ein schöner Salat, oder einfach Pasta – Vegetarier stehen dem Omnivoren (den Allesessern) in nichts nach – bis auf Produkte vom toten Tier. Ob man das aber nun „Nachstehen" nennen muss, sei einmal dahingestellt und sicher auch nicht Gegenstand dieser Diskussion.

Die Frage, um die es hier wirklich geht, ist doch: Was macht dieses Kochbuch so besonders? Immerhin könnten Sie sich auch ein paar Rezepte aus dem Internet holen – vielleicht sogar ausdrucken und schon haben Sie sich Ihr eigenes und vor allem persönliches Kochbuch erstellt. Ja, das wäre auf jeden Fall eine Möglichkeit. Allerdings möchten Sie wohl kaum in einer Zettelwirtschaft kochen, oder? Natürlich kann man die Rezepte ordentlich einheften und als Mappe mit auf die Arbeitsfläche legen. Aber eine Mappe ist immer noch sehr groß. Sie nimmt wertvollen Arbeitsplatz weg und je nach Größe Ihrer Küche, kann es dann mit dem Kochen ganz schön kuschelig werden. Aber wir leben doch allesamt in einer Zeit, in der die Technik Einzug in so ziemlich jeden Haushalt erhalten hat. Es wird ja wohl kein Problem sein, das Smartphone, oder auch den Laptop mal eben mit in die Küche zu nehmen, ihn mit den vom Kochen schmutzigen und versifften Fingern zu bedienen und ein mehrere Hundert Euro teures Gerät Mehl und Co auszusetzen. Sie sehen schon: Kann man machen, aber das Gelbe vom Ei ist das auch nicht.

Vieles spricht also für ein Kochbuch! Das haben Sie ja bereits gekauft, sonst würden Sie die Einleitung nicht lesen. Aber inwiefern setzt sich dieses Kochbuch deutlich von den anderen Kochbüchern auf dem Markt ab? Sie werden hier einen kleinen Ratgeberteil finden. Dieser nennt sich die vegetarische Küche. Hier möchten wir Ihnen mit vielen wissenswerten Tipps und Tricks das Leben in der Küche vereinfachen. Zudem möchten wir Ihnen ein paar Fallen vorstellen, in die man sehr leicht tappt. Ein Beispiel hierfür wäre der Gebrauch von Soja. Aber an dieser Stelle möchten wir Ihnen natürlich noch nicht alles vorwegnehmen. Immerhin geht doch nichts über Spannung bis zur letzten Minute! Sie dürfen sich also nicht nur auf 150 tolle und unterschiedliche vegetarische Rezepte freuen, sondern auch auf einen tollen Ratgeberteil, der Ihnen einen besonderen Mehrwert verspricht.

Als kleines Dankeschön für den Kauf dieses Buches haben wir für Sie am Ende eine **kleine Überraschung**. Dazu erfahren Sie aber später unter dem Kapitel „Wir sagen Danke!" mehr.

Übrigens haben wir für Sie auch einen Bonus bereitstehen: In diesem Buch finden Sie **Rezeptvorlagen**, in denen Sie Ihre eigenen Kreationen verewigen können. So haben Sie immer Ihr absolutes Lieblingsrezept dabei.

Zudem finden Sie am Ende des Buches noch einen **14-tägigen Ernährungsplan**, der Sie bei den ersten Schritten in der vegetarischen Ernährungsweise unterstützen und leiten soll. Eine ausführlichere Erklärung finden Sie in dem dafür vorgesehenen Kapitel.

Wir möchten Sie hier aber vorweg ebenfalls einmal darauf hinweisen, dass Sie die Möglichkeit haben, bei Fragen, Anregungen, Lob und Kritik, uns eine E-Mail zu schreiben. Wir sind bemüht, Ihnen schnellstmöglich zu antworten. Wir danken Ihnen für Ihre Unterstützung!

So bleibt uns an dieser Stelle nichts anderes übrig, als Ihnen viel Freude an dem Buch zu wünschen und natürlich ein gelungenes Nachkochen der Rezepte!

Wer sind die Kitchen Champions?

Die Kitchen Champions sind ein Team von leidenschaftlichen Köchen und Ernährungsberatern, die sich auf Kochbücher und Ernährungsratgeber spezialisiert haben. Dabei sind wir immer darauf bedacht, dass eine Harmonie zwischen einer ausgewogenen Ernährung und kulinarischen Highlights zum Tragen kommt. Wir wissen genau, dass eine gesunde Ernährung nur über leckere Gerichte umsetzbar ist. Zudem steht der gute Geschmack für Lebensfreude, transportiert ein glückliches Lebensgefühl und zeigt, dass man Genuss zu schätzen weiß.

Und damit Sie Teil dieser Welt werden können, laden wir Sie dazu ein, diese Welt mit ihren kulinarischen Highlights zu erkunden. Tauchen Sie gemeinsam mit uns in eine Welt voller leckerer und gesunder Rezepte ein. Kein Rezept ist wie das andere und jedes einzelne Rezept ist ein Feuerwerk am Gaumen. Lassen Sie sich nicht nur im Alltag inspirieren, sondern überraschen Sie auch Bekannte, Freunde, Familie und Arbeitskollegen mit den kulinarischen Perlen. Zudem können Sie von unseren jahrelangen Erfahrungen profitieren. Aber nicht nur mit unseren Erfahrungen stehen wir Ihnen in der Küche zur Seite. Wir sind ebenfalls Ihr kompetenter Ansprechpartner, wenn es um Fragen rundum kulinarische Trends geht. Zudem sind wir immer auf der Suche nach einem neuen kulinarischen Lebensgefühl, welches wir in unseren Werken verewigen.

Exotische Aromen, kombiniert mit dem alltäglichen Geschmack, abgerundet durch exakt die Mineralien, Spurenelemente, Vitamine und Nährstoffe, die Sie brauchen, entsteht eine einmalige Symphonie aus gutem und gesundem Essen, welches auf den Teller kommt.

Ob Sie abnehmen wollen, sich einfach nur bewusster ernähren möchten oder sich an ganz neue Rezepte heranwagen, hier kommt niemand zu kurz. Nachhaltigkeit wird großgeschrieben! Ebenfalls sollen die Zutaten einfach zu bekommen und vor allem auch bezahlbar sein. Niemand profitiert von einem Rezept, welches teure und schwer zu beschaffenen Zutaten beinhaltet.

Haben wir Sie neugierig gemacht? Wir würden Sie gerne bei den Kitchen Champions willkommen heißen. Was Sie tun müssen? Kommen Sie mit Genuss in unsere Community und werden Sie Teil einer besonderen kulinarischen Bewegung.

Die vegetarische Küche

Und hier sind Sie auch schon direkt im Geschehen des Ratgeberteils angelangt. Sie werden in diesem Abschnitt viele interessante Informationen, Tipps und Tricks rund um die vegetarische Küche finden. Bitte beachten Sie an dieser Stelle, dass dieser Ratgeberteil die vegetarische Küche kritisch beleuchtet. Nein, keine Sorge, wir möchten Ihnen die vegetarische Küche nicht abspenstig reden. Aber trotzdem ist eben nicht alles Gold, was glänzt. Wissen Sie, wir vertreten die Philosophie, dass man sich nur eine umfassende Meinung bilden kann, wenn man beide Seiten der Medaille kennt. So ist das eben auch bei der vegetarischen Küche. Natürlich hat sie einen großen Pluspunkt: Für die vegetarische Küche muss kein Tier sein Leben lassen! Aber nichtsdestotrotz bekommt auch die vegetarische Küche ein paar Kritikpunkte, mit denen Sie sich gerne auseinandersetzen dürfen. Aber Kritik sollte, wie Sie sicher wissen, immer konstruktiv sein. Demnach möchten wir Ihnen Wege aufzeigen, wie Sie es besser machen können, wenn Sie es nicht bereits schon so handhaben.

Ach, Sie haben bald eine große Familienfeier und Sie sollen der Tortenbäcker sein? Na dann ran an die Rührschüsseln! Stimmt, Sie haben recht! Fast alle großen Torten werden mit Gelatine gesteift und ein Apfelkuchen ist zwar lecker, aber macht nicht unbedingt viel her, wenn man doch eine prunkvolle Torte präsentieren möchte. Jetzt ist guter Rat teuer! Nein, ist er nicht. Denn in diesem Ratgeberteil werden Sie ebenfalls erfahren, wie die vegetarische Küche der omnivoren Küche in keiner Weise etwas nachsteht. Mit dem richtigen Helferlein gelingt Ihnen auch die Super-Torte und das ganz ohne totes Tier!

Wir haben bereits so viel über die Vegetarier gesprochen, aber vielleicht gehören Sie auch zu den Menschen, die gerade dabei sind, sich mit der vegetarischen Lebensweise anzufreunden. Sie stehen noch ganz am Anfang und wissen nicht so recht, wie Sie alles umsetzen können und sollen, was es zu beachten gibt und wo Ihr Augenmerk liegen sollte? Die Gründe für Ihren Sinneswandel kann ganz unterschiedlicher Natur sein. Vielleicht wollen Sie sich einfach bewusster ernähren. Vielleicht möchten Sie aber auch ein Teil dazu beitragen, dass Tiere bestialisch getötet werden, nur damit wir Menschen an das Fleisch kommen. Welche Idee auch immer hinter Ihrem Vorhaben steckt, die Anfänge sind oft schwierig. Selbst einige Vegetarier sagen, dass es einfach sehr verlockend ist, an einer Fleischerei vorbeizugehen und einigen läuft das Wasser im Mund zusammen. Bei so vielen Versuchungen stellt sich Ihnen zu Recht die Frage, wie Sie die Anfänge schaffen können. Wir möchten Ihnen dabei unter die Arme greifen und haben Ihnen 10 Tipps mitgebracht, mit denen Sie den Umstieg in die vegetarische Lebensweise schaffen werden.

Nun möchten wir Ihnen aber nicht weiter Ihre Zeit mit einleitenden Worten zu diesem Kapitel stehlen. Fakt ist: Sie dürfen sich auf eine Vielzahl Tipps, Tricks, Anregungen und jeder Menge Hintergrundwissen freuen. An dieser Stelle wünschen wir Ihnen viel Spaß beim Durchstöbern des Ratgeberteils!

Worauf Sie als Vegetarier achten sollten

Die vegetarische Lebensweise ist gesund, dazu müssen Sie kein Fachmann sein, um diese Feststellung zu tätigen. Bei den meisten Vegetariern sind nicht nur die Cholesterinwerte deutlich besser als bei Omnivoren, sondern auch das Risiko der gefährlichen Herz-Kreislauf-Erkrankungen wird deutlich gesenkt. Diabetes und Magenkrebs gehören ebenfalls zu den Risikoerkrankungen, denen man mit einer vegetarischen Ernährung vorbeugen kann. Aber natürlich sind wir in diesem Kapitel nicht darauf aus, die Vorzüge eines vegetarischen Lebens zu beschreiben. Immerhin liegen die auf der Hand. Hier soll es darum gehen, was Sie als Vegetarier beachten müssen, damit Sie gesund bleiben. Doch worauf kommt es nun an?

Eines vorweg: Sie müssen nicht studieren, um auf sich achten zu können. Aber es gibt dennoch ein paar Kleinigkeiten, die beachten werden wollen. Beginnen wir bei der Ernährung an sich. Hier ist es wichtig, dass Sie sich bunt ernähren und das Wort ist wörtlich gemeint! Je bunter Ihr Teller ist, umso ausgewogener ernähren Sie sich. Für Sie bedeutet das, dass Sie sich mit allen wichtigen Mineralien und Spurenelementen eindecken und somit nicht in eine gefährliche Mangelernährung geraten. Diese kann grundsätzlich bei einer zu einseitigen Ernährung geschehen. Darum achten Sie unbedingt auf eine bunte Vielfalt.

Leben Kinder oder Jugendliche in Ihrem Haushalt und sind an der vegetarischen Ernährung beteiligt? Dann sollten Sie hier unbedingt auf eine bunte Vielfalt achten. Besonders aber auf eine ausreichende Zufuhr an Proteinen, Mineralien und Spurenelementen. Besonders Kinder und Jugendliche haben aufgrund Ihres Wachstums und der Pubertät einen erhöhten Bedarf an den verschiedensten Inhaltsstoffen. Sollten Sie sich unsicher bezüglich des Bedarfs sein, so sollten Sie unbedingt mir Ihrem Kinderarzt über Ihre Bedenken sprechen. Zudem können Sie ein Blutbild machen lassen, welches Ihnen Aufschluss über den aktuellen Stand gibt. Aber noch längst müssen Sie nun nicht den Teufel an die Wand malen. Achten Sie also besonders darauf, dass das Kind oder der Jugendliche Lebensmittel auf den Tisch bekommt, die viel Protein, Kalzium, Eisen, Jod und Vitamin B 12 enthalten. Übrigens, als kleiner Tipp am Rande: tierisches Eiweiß ist für Kinder und Jugendliche besser, als pflanzliches Eiweiß. Milch, Quark, Joghurt und Eier sollten also vermehrt auf dem Speiseplan stehen.

Nicht nur Kindern und Jugendlichen wird ein besonderes Augenmerk zuteil. Auch Schwangere sollten auf einige Punkte achten, damit sie sich und ihr ungeborenes Kind gut versorgt wissen. Auch hier brauchen Sie nun aber nicht in Panik verfallen. Wenn Sie einfach auf die folgenden Punkte achten, dann wird alles gut. Zudem warnt der Körper Sie vor, wenn Ihnen etwas fehlt. Hier gilt das Stichwort „Heißhunger". Worauf müssen Schwangere aber noch achten? Neben einem besonders bunten Teller sollten Schwangere auf Jod und Folat achten. Folat findet sich beispielsweise in Salat, Kohl und Spinat. Aber auch Vollkorn und Orangen sind ein super Lieferant für das Spurenelement. Folsäure hört man ebenfalls häufig, wenn es um den Schwangerschaftswunsch oder die Schwangerschaft geht.
Hier empfiehlt es sich auf Nahrungsergänzungsmittel nicht zu verzichten. Denn Folsäure ist wichtig für die Zellteilung. Gleiches gilt für Eisen und Jod. Meist kann der erhöhte Bedarf zu Beginn der Schwangerschaft nicht alleine durch die Nahrung gedeckt werden. Sie sollten mit Ihrem Frauenarzt darüber sprechen. Dieser kann Ihnen gezielte Informationen zu benötigten Nahrungsergänzungsmitteln und die Dosierung geben.

Gehen wir aber nun einmal weg von Schwangeren, Kindern und Jugendlichen. Denn auch der Otto-Normal-Vegetarier sollte bei seiner Ernährung auf einige Vitamine, Spurenelemente und Mineralien achten. Diese möchten wir Ihnen nun vorstellen:

Vitamin B 12

Dieses Vitamin wurde bereits genannt. Es ist kaum bis gar nicht in pflanzlichen Lebensmitteln enthalten. Die Quelle für dieses Vitamin ist und bleibt Fleisch – zumindest dann, wenn man den Tagesbedarf decken möchte. Nun schließt sich Fleischkonsum und die vegetarische Lebensweise aus. Das bedeutet, Sie brauchen alternative Quellen. Sie können Vitamin B 12 aus vergorenem Sauerkraut gewinnen, aber auch aus Milchprodukten und Eiern. Meist empfiehlt es sich aber zusätzlich ein Nahrungsergänzungsmittel einzunehmen.

Eisen

Auch wenn rotes Fleisch als der Eisenlieferant schlechthin betitelt wird, so ist das doch nicht die einzige Quelle für das wertvolle Mineral. Eisen steckt ebenfalls in einer Vielzahl an pflanzlichen Lebensmitteln. So sind Vollkornprodukte, Hülsenfrüchte und Nüsse Ihre Bezugsquelle, wenn es um Eisen geht. Aber auch Fenchel, grünes Blattgemüse wie Spinat, Rucola und Feldsalat sind prima Quellen. Regelmäßig sollten ebenfalls getrocknete Obstsorten auf dem Teller vorzufinden sein. Zum Beispiel getrockneter Pfirsich oder Datteln. Sie stocken das Eisen ebenfalls wieder auf. Vitamin C begünstigt übrigens die Aufnahme von Eisen. Deshalb sollten Eisen und Vitamin C immer in Kombination gegessen werden.

Jod

Der Lieferant für Jod sind Meeresfrüchte und Fisch. Besonders die Schilddrüse benötigt dieses Spurenelement, um nicht in eine Störung zu geraten. Wenn Sie nun aber keinen Fisch und keine Meeresfrüchte zu sich nehmen, dann können Sie ebenfalls sehr gut auf jodiertes Salz ausweichen. Aber auch über Milchprodukte lässt sich Jod aufnehmen. Die meisten Tiere bekommen jodiertes Fressen, sodass im Endprodukt eben auch Jod zu finden ist.

Vitamin D

Vitamin D gehört zu den Vitaminen, die der Körper selbst herstellen kann und muss. Damit ihm das aber gelingt, sollten Sie sich täglich mindestens 15 Minuten in der Sonne aufhalten. Die Sonnenstrahlen auf der Haut veranlassen den Körper nämlich dazu, Vitamin D zu bilden. Doch Achtung: Niemals ohne Sonnenschutz in die Sonne gehen und besonders im Sommer auf ausreichende Flüssigkeitszufuhr achten!

Zink

Zink ist ebenfalls existenziell. Damit Sie keinen Zinkmangel erleiden, sollten Sie unbedingt auf Vollkornprodukte zurückgreifen. Auch Hülsenfrüchte und Nüsse liefern viel Zink. Übrigens: Kaffee und schwarzer Tee blockieren die Aufnahme von Zink. Es macht also Sinn, einen Tag den Konsum von Kaffee und schwarzem Tee zu reduzieren und dafür die Zinkspeicher aufzufüllen.

Omega-3-Fettsäuren

Essen Sie keinen Fisch? Das ist Ihr gutes Recht. Allerdings ändert das nichts an der Tatsache, dass Ihr Körper die Omega-3-Fettsäuren braucht und diese auch nicht alleine herstellen kann. Sie müssen Sie also über die

Nahrung zu sich nehmen. Das gelingt Ihnen ab besten über pflanzliche Öle aus Hanf, Lein, Walnuss oder Raps. Auch Walnüsse an sich enthalten die wichtigen Omega-3-Fettsäuren.

Achtung bei verschiedenen Produkten

Sie setzen sich sicherlich nicht erst seit diesem Buch mit vegetarischer Ernährung auseinander. Im Supermarkt sind Ihnen sicherlich schon die ein oder andere vegetarische Alternative begegnet. Das hört sich auch alles toll an. Tofu, Soja und Co. Es mangelt an nichts und man bekommt eben genau das, was das Herz begehrt. In diesem Kapitel soll es nicht darum gehen, jemanden an den Pranger zu stellen! Ganz im Gegenteil. Wir möchten Ihnen in diesem Kapitel aber die Kehrseite der Medaille vorstellen. Denn auch wenn die vegetarische Lebensweise eine lebensbewusste Weise ist, so ist sie doch nicht heilig!

„Sie essen Soja? Dann sind Sie daran schuld, dass der Regenwald gerodet wird!" Kennen Sie solche Anfeindungen? Wie viel Wahrheit steckt dahinter?

Ja, es stimmt. Weil Sie Sojaprodukte essen, werden ganze Wälder (auch der Regenwald) dem Erdboden gleich gemacht. Aber natürlich sind Sie nicht einzig an dieser Misere schuld. Ebenso sind die Bauern, die Regierungen, der Markt und auch die Omnivoren hier mitbeteiligt. Denn Soja landet nicht nur auf Ihrem Teller, sondern eben auch in Form von Tierfutter in den Trögen der Masttiere. Sicherlich sind Sie nun schockiert. Immerhin ist eines der Hauptgründe für die vegetarische Lebensweise der umweltfreundliche Aspekt und nun erzählen wir Ihnen, dass Sie Teil der Regenwaldholzung sind. Aber, ehe Sie nun in Panik verfallen, Sie sind nicht die treibende Kraft. Sie sind aber ein kleines Rädchen im Getriebe, wenn es um Soja und die Abholzung geht. So viel steht fest.

Ein weiterer Kritikpunkt wäre, dass Sie zwar kein Fleisch und andere Produkte vom getöteten Tier zu sich nehmen, jedoch unterbindet das die Massentierhaltung auch nicht. Den Milchkühen werden weiterhin die Kälber direkt nach der Geburt genommen damit wir Menschen unsere Milch bekommen. Zudem sehen die wenigsten Kühe eine saftige grüne Wiese, über die sie tollen dürfen. Wenn sie Glück haben, haben sie einen Stall, in dem sie mehr als einen Meter in jede Himmelsrichtung gehen können. Auch den meisten Hühnern ergeht es in ihrem Leben nicht zwangsläufig besser. Freilandhaltung ist natürlich das Minimum an Standard. Unter dem werden keine Eier gekauft, aber die männlichen Hühnchen werden trotzdem geschreddert. Das bekommen die

Endverbraucher nur eben nicht viel von mit. Indirekt wird die Massentierhaltung und eben auch das eher unschöne Leben der Tiere weiterhin unterstützt, wenngleich auch nur im Hintergrund.

Aber natürlich ist das noch längst nicht das Ende der Fahnenstange, da können Sie sich gewiss sein. Denn nun schauen wir uns den Umweltaspekt an. Nehmen wir hierzu einmal das Beispiel der Avocado. Avocados sind Könige, wenn es darum geht, die Umweltbilanz zu zerstören. Lecker sind sie auf jeden Fall – für das Klima aber auch eine wahre Sünde! Ehe Sie die Avocado so in Ihrem Einkaufswagen vorfinden, wie sie nun einmal ist, hat diese kleine grüne Frucht mehr als 70 Liter Trinkwasser verbraucht! Das alleine wäre zwar nicht optimal, aber noch kein Grund zur Panik. Der Avocadobaum braucht aber viel Sonne und hohe Temperaturen, um überhaupt zu gedeihen. Das bedeutet, er nennt die tropischen und subtropischen Zonen sein Zuhause. Hier wird er künstlich bewässert und eben dieses Wasser ist es, was den Menschen in den Breitengraden fehlt. Erkennen Sie das Paradoxon? Hier versuchen Sie durch Ihren Verzicht auf Fleisch Tierleben zu retten, während Menschen auf der anderen Seite verdursten. Ebenfalls Abzüge erhält die Avocado wegen den Transportwegen. Chile und Co sind nicht gerade die Nachbarländer und zudem ist das mit Chile noch so eine Sache. Glaubt man verschiedenen Umweltschutzparteien, so führt Chile die ökologische Katastrophe an. Wenn Sie aber trotzdem nicht auf den regelmäßigen Konsum von Avocados verzichten möchten, dann greifen Sie zu europäischen Bio-Avocados, beispielsweise aus Spanien.

Wollen Sie noch eine mehr oder weniger schockierende Nachricht hören? Laut einer Studie der Mellon University trägt auch die vegetarische Ernährungsweise zum Treibhauseffekt bei. Hier fanden die Forscher heraus, dass der Kauf eines Kopfsalats drei Mal so schädlich für die Umwelt ist, wie der Verzehr von Speck. Vegetarische Ernährung ist laut den Wissenschaftlern gut für den Körper, aber schlecht für die Umwelt. Da bleibt letzten Endes die Frage übrig, was darf man dann noch essen? In der Studie wird aber ebenfalls betont, dass die Zusammenhänge sehr komplex seien. Somit wird wohl weiter an dem Thema geforscht.

Ein besonderes Thema, welches aber nicht nur die Vegetarier betrifft, sondern alle Menschen, ist der hohe Konsum von nicht saisonalem Obst und Gemüse. Die Frage, die sich ein jeder selbst stellen muss, lautet also: Muss es unbedingt der Spargel im Dezember sein, oder die Erdbeeren im Januar? Wir lieben in einer Konsumgesellschaft, die zu jederzeit alles überall kaufen kann. Da wird vor enormen Transportwegen kein Halt gemacht. Der Spargel kommt dann nicht von dem Spargelbauern um die Ecke, sondern aus weit entfernten Ländern, wie beispielsweise Afrika. Gleiches zählt für die Erdbeeren. Stellt man es jedoch geschickt an und greift auf saisonales Obst und Gemüse zurück, so kann der Treibhausgaseffekt deutlich gesenkt werden. In diesem Fall – und nur in diesem Fall – wäre die vegetarische, beziehungsweise die vegane Ernährung der omnivoren Ernährung gegenüber im deutlichen Vorteil. Um genau zu sein wären es gleich drei Mal so viele Treibhausgase, die auf diesem Weg eingespart werden können.

Wollen wir aber einmal ehrlich zueinander sein. Wir alle sind keine Heiligen! Sie haben Ihre Gründe, warum Sie die vegetarische Lebensweise bevorzugen und wir haben unsere Gründe dafür. Egal, wie rum Sie es drehen wollen und welcher Ernährungsweise Sie nachgehen: Konsum beeinflusst immer die Umwelt. Diesen Fakt können Sie drehen und wenden, wie Sie wollen – davon spricht sich niemand frei. Natürlich haben wir Ihnen die kritische Seite nicht ganz ohne Grund vorgestellt. Es geht eben auch besser, wenngleich nicht perfekt. Aus diesem Grund haben wir das Kapitel „Besser: Saisonales Gemüse" geschrieben. Hier werden Sie einige Tipps und Tricks kennenlernen, wie Sie zwar immer noch keine weiße Weste haben, aber der Umwelt einen erheblichen Gefallen tun werden.

Besser: Saisonales Gemüse

Sie haben nun die Schattenseite kennengelernt. Natürlich möchten wir Sie nun nicht dazu bewegen Veganer zu werden. Dies sollte unbedingt Ihre eigene freie Entscheidung sein. Nichtsdestotrotz gibt es eine Reihe an Möglichkeiten, wie Sie mit kleinen Tricks und Tipps der Umwelt und auch den Tieren einen großen Gefallen erweisen können.

Wie die Überschrift von diesem Kapitel es schon vermuten lässt, sollten Sie grundsätzlich auf saisonales Obst und Gemüse zurückgreifen. Dies hat gleich mehrere Vorteile für Sie. Froh sei derjenige, der einen Biobauern in der näheren Umgebung mit einem Hofladen hat. Hier können Sie nicht nur saisonales Obst und Gemüse aus der Heimat beziehen, sondern Sie können sich vor Ort von der Tierhaltung, aber auch von dem Anbau des Obstes und Gemüses überzeugen. Die meisten Biobauern sind sogar sehr erfreut, wenn man sich genauer nach ihren Produkten erkundigt. Dadurch, dass der Biohofladen direkt in Ihrer Nähe ist, sparen Sie natürlich auch Treibhausgase ein. Vielleicht ist die Entfernung sogar so gering, dass Sie mit dem Rad fahren oder einen Spaziergang machen können. So schlagen Sie gleich viele Fliegen mit einer Klappe.

Seit neuester Zeit gibt es eine ganz neue Art der Kuhhaltung. So verbringen die Kühe nicht nur die größte Zeit des Tages auf der Wiese, sondern ihre Kälbchen dürfen bei Fuß mitlaufen. Ein richtig idyllisches Bild. Aber Moment. Dann bekommen wir ja gar keine Milch mehr ab?! Oh doch. Natürlich gibt die Kuh den größten Teil der Milch ihrem Kälbchen. Trotzdem bleibt noch etwas für uns Menschen übrig. Selbsterklärend ist hier aber auch, dass diese Milch eben nicht für 71 Cent pro Liter im Supermarkt erhältlich ist! Bei dieser Milch muss man schon etwas tiefer in die Tasche greifen, unterstützt damit aber auch ein wundervolles Konzept und die Mutterkuh darf mit ihrem Kälbchen zusammenbleiben!

Ähnliches gilt für Hühner. Freilandhaltung ist auch hier nicht gleich Freilandhaltung. Natürlich sehen die Hühner aus der Freilandhaltung den blauen Himmel, aber an der Haltung kann man immer basteln und schrauben. Kaufen Sie bei Ihrem Biobauern des Vertrauens, so können Sie sich von vorne herein von der Haltung der Hühner überzeugen. Je glücklicher das Huhn, umso teurer das Ei – so viel steht fest. Aber wenn wir einmal ehrlich zueinander sind, ob ein Ei nun 15 Cent oder 40 Cent kostet, das fällt bei so viel Lebensfreude der Hühner nun wahrlich nicht ins Gewicht!

Aber noch einmal zurück zum Obst und Gemüse. Heimisches saisonales Obst und Gemüse ist nicht nur frischer, sondern auch reicher an Vitaminen. Es bleiben dem Obst und Gemüse lange Transportwege erspart. Zudem wächst und gedeiht das Obst und Gemüse auf den heimischen Feldern. So heißt es dann also: vom Feld direkt zum Kunden auf den Teller. Frischer geht es wirklich nur, wenn Sie es selbst anbauen. Darauf möchten wir gleich auch noch einmal kurz zurückkommen. Aber noch sind wir auf dem Biobauernhof. Und gleich noch ein Vorteil bringt der Einkauf auf dem Hofladen mit sich: es ist rustikal, hat Stil und ein ganz besonderes Flair. Oft sind die kleinen Bauernlädchen liebevoll und detailverliebt dekoriert. So erledigt man nicht nur den Einkauf, sondern es lädt auch gleich zum Verweilen und Träumen ein. Wenngleich dieses Argument sehr träumerisch ist, so kann es doch Auswirkungen auf das eigene Wohlbefinden haben. Die heutige Zeit ist schnelllebig und stressig. Betreten Sie aber diese kleine rustikale Welt, so scheint die Zeit still zu stehen. Eine gratis Entspannung gibt es also zum Bioeinkauf dazu. Aber nicht nur das ist ein Grund, sich hier mit Obst, Gemüse, Getreide- und Milchprodukten einzudecken. Die Biobauern haben es verdient und Sie unterstützen die heimische Wirtschaft obendrein. Sicherlich wäre es für einen Biobauern deutlich einfacher mit Pestiziden um sich zu spritzen. Der Ernteertrag wäre auch viel höher und die Belastung für den eigenen

Körper auch. Bio hat seinen Preis – keine Frage. Trotzdem oder gerade deswegen lohnt es sich, den nächsten Einkauf im Biolädchen bei dem Biobauern um die Ecke zu machen.

Haben Sie einen kleinen Balkon oder zumindest eine Fensterbank mit viel Sonne? Na, dann pflanzen Sie doch teilweise Ihr Obst und Gemüse selbst an! Das geht auch schon auf kleinstem Raum und wissen Sie was? Es ist einfach genial auf dem Balkon zu sitzen und Kirschen zu naschen – pflückfrisch direkt vom Baum. Wer keinen Balkon hat, der kann auf der Fensterbank sehr gut Tomaten und Gurken ziehen. Das geht nicht? Und wie das geht! Anstelle fettiger Chips werden ab sofort Cocktailtomaten gesnackt! Dank der cleveren Gärtner gibt es Miniobstbäume in Säulenform. Die passen wirklich auf jeden Balkon und wenn dieser auch noch so klein ist. Kräuter lassen sich im Topf immer frisch ziehen und direkt zum Kochen verwenden. Überschüssige Erträge können eingefroren werden, sodass Ihnen der Genuss Ihres eigens angebauten Obstes und Gemüses, aber auch der von den Kräutern lange erhalten bleibt! Wenn Sie sogar einen Garten Ihr Eigen nennen können, dann haben Sie eine wirkliche Glückskarte gezogen. Denn hier lässt sich auch auf kleinsten Raum eine Menge anbauen. Wie sieht es aus mit Zucchinis, Himbeeren, Johannisbeeren und Weintrauben? Erdbeeren sind der Renner im Sommer und wollen wir mal ehrlich sein, wäre es ein richtiger Sommer, würde es keine Erdbeeren geben? Natürlich nicht! Erdbeeren können hervorragend im Garten gepflanzt werden. Auch auf dem Balkon, ja selbst auf der Fensterbank fühlt sich die Pflanze mit den leckeren Früchtchen wohl.

Wie Sie also sehen können: Sie können nicht die ganze Welt retten, aber Sie können viel dafür tun, damit es der (Um) Welt besser geht! Zudem können Sie heimische Bauern wirtschaftlich unterstützen und sogar auf der Fensterbank selbst Obst und Gemüse anbauen. Die Möglichkeiten sind also da und sie warten nur darauf, von Ihnen entdeckt zu werden!

Vegetarisch im Beruf

Zum Glück leben Sie in einer Zeit, in der die vegane und auch vegetarische Ernährung modern ist. Dies bietet Ihnen die verschiedensten Möglichkeiten, sich auch beruflich fleischfrei zu ernähren.

Prinzipiell ist es aber immer eine Frage der Kantine, wie gesund das Essen zubereitet wird. Das bezieht sich nicht nur auf die vegetarische Ernährung, sondern gilt für alle Kantinenbesucher. Trotz der heutigen großen Auswahl, die Vegetarier sind den Veganern hier voraus, bietet es sich gelegentlich an, eigene Speisen von zuhause mitzubringen.
Vegetarismus, das ist eine Lebenseinstellung und eine Frage der Ansichten. Allerdings hat die vegetarische Ernährung weniger mit einer Diät gemein. Demnach gibt es, bis auf die Tatsache, dass es sich um fleischfreies Essen handeln soll, keine Tabus oder Ähnliches. In der Regel lässt sich aus diesem Grund der Vegetarismus überall umsetzen. Bei einer Diät würde es anders aussehen. Die wenigsten Kantinen bieten beispielsweise Kohlsuppe an. Grundsätzlich können Sie also auch an der Theke darum bitten, dass Sie Ihnen nur Nudeln und Gemüse auf den Teller geben, sollte ein vegetarisches Gericht nicht vorhanden sein. Diese Kantinen sind aber tatsächlich die Ausnahme. Besonders in der heutigen Zeit können es sich viele Unternehmen gar nicht mehr leisten, nur Fleisch anzubieten. Immerhin arbeiten auch Menschen in den Betrieben, die aus ethnischen oder religiösen Gründen auf gewisse Fleischsorten oder gänzlich auf Fleisch verzichten. Dank des Marktes sind die Arbeitnehmer nun mehr und mehr am Zug. Ein regelrechter Kampf um qualifiziertes Fachpersonal ist entfacht. Nicht nur mit einem höheren Gehalt wird hier geworben, sondern eben auch mit der Rücksichtnahme auf die eigenen Bedürfnisse – und das Essen gehört nun einmal mit dazu!

Sie brauchen sich also weniger Sorgen darum zu machen, dass Sie in der Kantine kein vegetarisches Mittagessen bekommen und auch jeder Bäcker bietet belegte Brötchen mit Käse und Salat an. Alles also absolut vegetarisch. Aber noch ein letztes Wort zur Kantine. Es ist natürlich nicht immer der Fall, dass das Essen aus der Kantine durchweg gesund ist, oder gar schmeckt. Sie dürfen hier auch nicht vergessen, dass das Personal der Großküche für zig Hunderte hungrige Mägen kocht. Es kann also nicht jedem schmecken. Sollte Ihnen das Essen in Ihrer Kantine trotz des vegetarischen Angebots nicht schmecken, so besteht immerhin noch die Möglichkeit, dass Sie sich Ihr eigenes Mittagsessen von zuhause aus mitbringen. Sagen wir es mal so: Die vegetarische Küche ist kein Hexenwerk. Sie verzichtet lediglich auf Fleisch und Produkten vom toten Tier. Grundsätzlich müssen Sie also nicht studiert haben, um zu erkennen, ob das Essen auf Ihrem Teller auch wirklich das ist, was es verspricht – zumindest bei Gemüse ist es recht einfach zu identifizieren.

Manch ein Essen ist aber auch undefinierbar. Das macht es nicht einfacher. Ein Hoch auf denjenigen, der ein Omnivore ist – zumindest in dem Fall. Und der Kreis schließt sich genau hier wieder: Bereiten Sie doch Ihr eigenes Essen zu. Dies können Reste vom Vortag sein, oder eine Suppe, die Sie bereits auf Vorrat gekocht haben. Aber auch einfach ein belegtes Brot erfüllt nicht nur seine Zwecke, sondern ist zudem auch sehr lecker! Wenn Sie daran interessiert sind, dann sind wir überzeugt, dass Sie das passende Gericht in den 150 Rezepten finden werden.

Neu in der vegetarischen Welt?

Welche Beweggründe Sie auch dazu antreiben in die vegetarische Welt einzuziehen, aller Anfang ist schwer. Natürlich ist es lobenswert, dass Sie sich diesen Schritt zutrauen und den alten, oft seit Jahrzehnten gelebten omnivorischen Lebensstil eine Absage erteilen. Aber das wirft auch eine Menge Fragen auf. So zum Beispiel, wie Sie mit den alten Gewohnheiten brechen und wie der Übergang der omnivorischen Kost zur vegetarischen Kost einfacher für Sie wird. Hierzu haben wir Ihnen 10 verschiedene Tipps und Tricks mitgebracht, die Ihnen bei genau diesem Problem helfen sollen. Damit Sie Ihr Vorhaben auch schnellstmöglich umsetzen können, möchten wir mit Ihnen direkt durchstarten. Wir wünschen Ihnen viele hilfreiche Tipps und Tricks.

Tipp 1 – Übergangsphase schaffen

Gehören Sie auch zu denjenigen, die es im Hauruck-Verfahren nicht hinbekommen? Lassen Sie sich nicht entmutigen. Sie sind nicht der erste Mensch, der eine vegetarische Lebensweise anstrebt, sich aber nur schwer vom Fleisch trennen kann. Zum Glück steht nirgendwo geschrieben, dass Sie von heute auf morgen diese Lebensweise vollziehen müssen. Zu Beginn ist es schon hilfreich, den Fleischkonsum einzuschränken. Hierzu können Sie zunächst einfach 2 fleischfreie Tage pro Woche einführen und dann wöchentlich immer einen fleischfreien Tag mehr einfügen. So ist der Übergang der omnivorischen zur vegetarischen Lebensweise fließend. Zudem sollten Sie in dieser Übergangsphase darauf achten, dass Sie gutes Fleisch einkaufen und keine billige Massenware. Gehen Sie also lieber zum Schlachter Ihres Vertrauens und geben Sie ein wenig mehr Geld aus. Dafür verlassen Sie den Laden aber mit dem Gefühl, dass das Tier zumindest ein gutes Leben gehabt hatte. Dies sollte übrigens ab sofort auch das Kriterium der Übergangszeit sein.

Tipp 2 – Fisch, ja oder nein?

Vielleicht haben Sie es schon mitbekommen: Vegetarier ist nicht gleich Vegetarier und dieselben Unterschiede gibt es auch bei Veganern und Frutanern. Okay, das wird jetzt verwirrend. Deswegen schauen wir und nur die vegetarische Welt an. Manche Vegetarier essen Fisch, andere zählen Fisch, wie Schwein, Rind und Huhn, auch zu den verbotenen Lebensmitteln. Hier sollten Sie aus Überzeugung dem einen oder anderen zustimmen und sich nicht in eine vorgegebene Struktur quetschen lassen. Entscheiden Sie so, wie es für Sie am besten ist. Sollte die Entscheidung so ausfallen, dass Sie Fisch essen, dann achten sie darauf, dass Sie Fisch aus nachhaltigen Quellen kaufen. Zudem sollten Sie fetten Seefisch wie Hering, Lachs, oder Makrele bevorzugen. Diese sind nicht nur wichtige Lieferanten für Vitamin D, sondern auch für die lebenswichtigen Omega 3 Fettsäuren. Sie können sich aber auch gegen den Fisch entscheiden. Die Wahl liegt bei Ihnen. Wie Sie sich auch entscheiden werden, Sie sind dadurch kein besserer oder schlechterer Vegetarier!

Tipp 3 – Italien hilft

Kennen Sie jemanden, der die italienische Küche ablehnt? Wir auch nicht! Italienisch ist nicht nur lecker, sondern kann Ihnen dabei helfen, Vegetarier zu werden. Diese Küche kommt mit vielen vegetarischen Rezepten daher und das ganz ohne den Vorsatz der vegetarischen Lebensweise. Salate, Pizzen oder Suppen wie Minestrone, hier kommen Vegetarier also auf ihre Kosten. Zudem haben die Rezepte oft einen großen Vorteil: Sie lassen einfach die nicht-vegetarischen Produkte weg und voilà: Sie haben ein unkompliziertes, leckeres italienisches Essen! So einfach kann es gehen und das ohne großen Aufwand!

Tipp 4 – Qualität vor Quantität

Den vierten Tipp haben wir Ihnen auf eine gewisse Weise bereits vorgestellt. Aber der Reihe nach. Sie wissen bereits, dass es unterschiedliche Vegetarier gibt. So gibt es eben auch jene Vegetarier, die nur ganz gelegentlich einmal ein Stück Fleisch essen. An dieses Stück Fleisch stellen Sie dann aber hohe Ansprüche. So soll zum Beispiel die Haltung des Tieres optimal sein. Die Qualität des Fleisches ist natürlich Bio und das Fleisch stammt aus einer nahen gelegenen Quelle, also von einem Bauernhof im Umkreis. So können Abgase durch lange Transportwege vermieden werden. Wenn Sie dieser Lebensphilosophie folgen, dann ist das auch völlig okay.

Tipp 5 – Die Verbündeten: Indien und Asien

Nicht nur Bella Italia sollte ein Vorbild für Sie darstellen. Auch die indische, aber auch die asiatische Küche steckt voller ungeahnter Möglichkeiten. So zum Beispiel gebratene Nudeln, Reiscurry und den Hauch von Exotik gibt es obendrauf! Anstatt dem Fleisch nachzutrauern, begeben Sie sich doch einfach in neue Gefilde. Das lenkt ab und Sie lernen neue Geschmäcker kennen.

Tipp 6 – Bei nichts zurückstecken

Als Vegetarier müssen Sie den Omnivoren aber in keiner Weise etwas nachstehen. Die Industrie ist heute zum Glück so pfiffig unterwegs, dass sie dem eigentlichen Markt Konkurrenz macht. So gibt es vegetarische Fischstäbchen, die keinen Fisch beinhalten, aber exakt so schmecken. Auch vegetarische Würstchen für den Grill können eine echte geschmackliche Bereicherung sein. Sie können also ganz ohne Reue aus dem Vollen schöpfen!

Tipp 7 – Eiweiß im Blick

Vegetarier sind bei diesem Tipp den Veganern im Vorteil! Hier geht es um die Versorgung mit Proteinen. Natürlich sind tierische Eiweißquellen besonders leicht zugänglich. Die fallen bei den Veganern völlig weg. Aber immerhin bleibt Milch, Quark und Ei übrig – und das ist schon eine ganze Menge. Als alternative Eiweißquelle zum Fleisch eignen sich aber auch Getreide, Hülsenfrüchte und Soja zum Auftanken des lebenswichtigen Proteins.

Tipp 8 – Vitamin B12 aufnehmen

Vitamin B 12 ist ausschließlich in tierischen Produkten zu finden. Pflanzen können dieses Vitamin nicht herstellen. Deshalb sollten Sie unbedingt darauf achten, ausreichend Eier und Milchprodukte zu sich zu nehmen. Sollten Sie unsicher sein, ob das ausreichend ist, so können Sie zusätzlich zu Nahrungsergänzungsmitteln greifen. Lassen Sie aber vorher von Ihrem Arzt ein Blutbild machen, um sicherzustellen, dass Sie auch wirklich Defizite haben.

Tipp 9 – Eisen ist wichtig

Eisen ist für den Körper lebensnotwendig. Blut und Muskeln benötigen diesen wichtigen Baustein. Hauptlieferant für Eisen sind eigentlich rote Fleischsorten, wie beispielsweise Rind. Aber dies fällt nun durch die vegetarische Lebensweise als Bezugsquelle weg. Gut, dass die Natur einige Alternativen zu bieten hat. So finden Sie jede Menge Eisen in grünen

Gemüsesorten wie Spinat, Fenchel und Mangold. Aber auch Hülsenfrüchte und Vollkornprodukte enthalten das wichtige Mineral. Zudem sollten Sie ausreichend Vitamin C zu sich nehmen. Dieses fördert die Eisenaufnahme erheblich!

Tipp 10 – Eine starke Gemeinschaft

Der letzte Tipp ist besonders einfach: Suchen Sie sich Gleichgesinnte. Innerhalb einer Gruppe lässt sich das neue Konzept besser leben. Zudem können Sie von einem regen Austausch profitieren, neue Rezepte kennenlernen, neue Ansichten hinzugewinnen und natürlich auch Ihre Bedenken äußern. Hier sitzen eben alle im selben Boot und das macht es besonders für den Anfang erträglicher.

Mit diesen 10 Tipps wünschen wir Ihnen sehr, dass Sie den Übergang vom Omnivoren hin zum Vegetarier erfolgreich meistern werden. Diese Tipps können Sie jederzeit und absolut stressfrei durchführen. Die Tipps unterliegen keinem Ranking. Sie können sich also die für Sie wichtigen Tipps herausfischen und umsetzen. Viel Erfolg dabei!

Hinweis zu den Rezepten

Haben Sie bereits durch das Buch geblättert? Ihnen ist dann sicherlich aufgefallen, dass in diesem Buch auf die typischen Serviervorschläge verzichtet wurde. Die Frage, die sich Ihnen nun stellt, ist sicherlich, warum das so ist. Gerne möchten wir Ihnen hier eine Antwort geben. Bilder mit entsprechender Aussagekraft und Qualität sind nicht nur teuer in der Erstellung, sondern auch im Druck. Niemand möchte auf den Kosten sitzen bleiben und Sie könnten von dem Kochbuch nicht profitieren, wenn wir den Preis verlangen müssten, den er dank der Bilder plötzlich beinhalten würde. Sie als Leser würden unfairerweise diese erhöhten Produktionskosten tragen und das ist nicht fair.

Prinzipiell sind die Rezepte hier aber so einfach Schritt für Schritt erklärt, dass wirklich nichts schiefgehen kann. Und wenn wir mal ehrlich sind, sehen bei Ihnen die fertig gekochten Gerichte so aus, wie auf den Hochglanzbildern mancher Kochbücher? Nein? Das liegt nicht selten daran, dass diese schon während das Bild geschossen wird, mit verschiedenen Mitteln künstlich aufgepusht wurden. Zu Recht sind Sie also nicht dazu bereit, zwischen 20 und 50 Euro zu bezahlen. Durch den Verzicht auf ein bebildertes Kochbuch müssen Sie also keine Fake-Serviervorschläge bezahlen und können trotzdem mit den Rezepten zu einem deutlich günstigeren Kurs voll auf Ihre Kosten kommen.

Zudem hat Kochen auch immer etwas mit Kreativität zu tun. Sie werden zu Beginn die Rezepte zwar so nachkochen, wie Sie sie hier vorfinden, doch schnell werden Sie Ihre eigenen Variationen einbringen – Sie werden also kreativ und lassen sich kulinarisch richtig aus. Spätestens dann sind die Serviervorschläge nicht mehr up-to-date. Und wenn wir schon einmal bei der eigenen kulinarischen Kreativität sind, am Ende des Buches finden Sie mehrere Rezeptvorlagen, an denen Sie Ihrer Kreativität nach Lust und Laune auslassen und Ihre eigenen Kreationen eintragen können. Dazu erfahren Sie aber später unter dem Kapitel „BONUS: Rezeptvorlagen zum Ausfüllen" mehr.

Die Rezepte in diesem Kochbuch sind alle unterschiedlicher Natur und vereinen doch ein Thema: Die vegetarische Küche. Sie finden Rezepte zu allen Lebenslagen, ob es schnell gehen muss oder aufwendig sein darf: Hier kommt jeder Koch auf seine Kosten.

Inspiration und Tatendrang wird hier vereint, sodass Sie sich frei auslassen können. Natürlich wünschen wir Ihnen schon an dieser Stelle ein gutes Gelingen und natürlich einen guten Appetit!

Nährwertangaben und Abkürzungen

Bei jedem Rezept werden Sie natürlich auch die Nährwertangaben vorfinden. Die Angaben beziehen sich jeweils auf eine Portion. Allerdings können diese variieren. Dies hat gleich mehrere Gründe. Zum einen richten sich die Nährwertangaben verschiedener Produkte nur an Durchschnittswerten. So kann der Fruchtzuckergehalt beispielsweise von Apfel zu Apfel variieren. Die Produkte können also natürlichen Schwankungen unterliegen. Zum anderen gibt es erhebliche Schwankungen zwischen Bio- beziehungsweise TK-Obst und Gemüse und dem konventionellen Anbau. Auch hier können Schwankungen bezüglich der Nährwerte auftreten. In der Regel sind die Schwankungen allerdings nicht gravierend, sodass Sie am Ende ganz andere Zahlen erhalten. Ein weiterer Punkt, weshalb Nährwertangaben variieren können, sind Ihre eigenen Kreationen. Wir probieren uns alle gerne aus und der eine nimmt lieber Schmand anstatt Sahne. Das ist auch das gute Recht eines jeden Kochs. Allerdings können auf diese Weise ebenfalls die Nährwerte verändert werden. Bedenken Sie also: Die Nährwerte der Rezepte sind Durchschnittswerte und richten sich explizit auf das Rezept, so wie Sie es in dem Kochbuch vorfinden.

In jedem Rezept werden Sie zusätzlich noch Angaben zur Portion vorfinden, ebenso zur Zubereitungszeit und der Schwierigkeit. Hieran können Sie sich orientieren, wenn Sie eines der Rezepte für Ihre Liebsten mitkochen möchten.

Unten finden Sie übrigens noch eine Erklärung der in den Rezepten verwendeten Kürzel und Abkürzungen.

Kurze Erklärung zu den entsprechenden Abkürzungen:

EL	Esslöffel
g	Gramm
kcal	Kilokalorie
kg	Kilogramm
l	Liter
ml	Milliliter
Msp.	Messerspitze
Pkg.	Packung
Stk.	Stück
TL	Teelöffel

Frühstück

Der Start in den Tag entscheidet schon die Laune und den Energielevel um den Alltag mit allen seinen Vorkommnissen zu meistern. Eine ausgewogene Ernährung und ein Frühstück mit vielen wichtigen Vitaminen und Spurenelementen hilft, die notwenige Rüstung für den Tag zu erlangen. Zeit für sich und die Familie in einer locker, entspannten Runde bei leckeren süßen oder herzhaften Speisen verspricht ein Wohlgefühl, das den gesamten Tag anhält und sich über die ganze Woche erstrecken sollte.

Ob Ideen für Eilige, Vorbereitung am Vorabend oder Frühaufsteher mit Zeit für ein opulentes Ergebnis, so unterschiedlich die Gewohnheiten so breit das Angebot an Rezepten für einen energiereichen Start in den Tag.

1. Vitamin-to-go

Kalorien: 285 kcal | Fett: 1,9 g | Kohlenhydrate: 49,2 g | Eiweiß: 6,4 g

Zubereitungszeit: 10 min
Portionen: **1**
Schwierigkeit: **leicht**

Zutaten:
- 200 g Himbeeren
- 1 Banane
- 2 EL weiche Haferflocken
- 150 ml Wasser

Zubereitung:

1. Beeren kurz abbrausen und mit der Banane, den Haferflocken und dem Wasser in den Mixer geben.

2. Auf die gewünschte Konsistenz bringen und in den To-Go-Becher umfüllen.

Tipp: Je reifer die Banane und die frischen Beeren sind, desto süßer wird dieser Smoothie. Ist er dennoch nicht nach Ihrem Geschmack, eventuell mit etwas Agavensirup nachsüßen.

Ob Sie dieses Rezept mit gemischten Beeren oder Ihren Lieblingsbeeren allein zubereiten, bleibt ganz Ihnen überlassen. Je mehr Heidelbeeren Sie in Ihrem Smoothie haben, desto mehr Antioxidantien nehmen Sie am frühen Morgen zu sich.

2. Energie-Start

Kalorien: 173 kcal | Fett: 11,8 g | Kohlenhydrate: 13,3 g | Eiweiß: 2,4 g

Zubereitungszeit: 5 min
Portionen: 1
Schwierigkeit: leicht

Zutaten:

- 150 ml Mandelmilch
- 1 TL Kokosöl
- 1 etwa 3 cm großes Stück Kurkuma
- 1 TL Matcha Pulver
- 1 Prise Zimt
- Mark von ¼ Vanilleschote
- 1 Prise weißer Pfeffer

Zubereitung:

1. Kurkuma waschen und Knollenansätze herausschneiden, gegebenenfalls schälen.

2. Gemeinsam mit den restlichen Zutaten in den Mixer geben und fein pürieren.

Tipp: Ist Ihnen der Smoothie auf diese Art zu scharf können Sie mit einer Viertel Mango oder Ananas für exotische Süße sorgen.

3. Bright-Eyes

Kalorien: 391 kcal | Fett: 3,1 g | Kohlenhydrate: 65,9 g | Eiweiß: 7,9 g

Zubereitungszeit: 15 min
Portionen: 1
Schwierigkeit: leicht

Zutaten:
- 1 kleine Rote Beete
- 1 Karotte
- 1 Orange
- 1 Rosa Grapefruit
- 150 ml Mandelmilch
- frischer Ingwer

Zubereitung:
1. Die Rote Beete und die Karotte gut waschen und in grobe Stücke schneiden. Tragen Sie hier Handschuhe, die Farbe der Roten Beete haftet lange an.

2. Die Orange und die Grapefruit schälen und in grobe Stücke schneiden.

3. Etwa ein cm einer frischen Ingwerwurzel schälen.

4. Das vorbereitete Obst und Gemüse gemeinsam mit dem Ingwer und der Mandelmilch in den Mixer geben und auf die gewünschte, flüssige Konsistenz bringen.

Tipp: Vor allem wenn Sie den ganzen Tag vor dem Bildschirm verbringen, wird dieser Smoothie mit Gemüse und Zitrusfrüchten Ihnen helfen Ihre Augen fitter für den Tag zu machen.
Für mehr Süße eventuell noch ½ reife Banane hinzufügen.

4. Gurkenpudding

Kalorien: 230 kcal | Fett: 10,2 g | Kohlenhydrate: 17,6 g | Eiweiß: 15,5 g

Zubereitungszeit: 30 min
Portionen: 1
Schwierigkeit: leicht

Zutaten:

- ½ Salatgurke
- 250 ml Buttermilch
- 1 EL Leinsamen
- 1 EL Sonnenblumenkerne
- 1 Prise Salz

Zubereitung:

1. Die Gurke waschen und fein hobeln.

2. Gurkenscheiben in einer Schüssel mit der Prise Salz für etwa 20 Minuten stehen lassen.

3. Inzwischen Leinsamen und Sonnenblumenkerne in ein Glas geben.

4. Die Gurken gut ausdrücken und den Saft auffangen.

5. Gurkensaft mit der Buttermilch mischen und über die Kerne in das Glas geben. Über Nacht in den Kühlschrank stellen und quellen lassen.

6. Zum Frühstück eventuell mit zwei bis drei Scheiben der restlichen Salatgurke dekorieren.

Tipp: Die ausgepressten Gurkenscheiben lassen sich hervorragend in einem Salat weiterverwenden.

5. Schokopudding

Kalorien: 170 kcal | Fett: 10,4 g | Kohlenhydrate: 14,2 g | Eiweiß: 5,1 g

Zubereitungszeit: 10 min
Portionen: 1
Schwierigkeit: leicht

Zutaten:

- 1 EL Chiasamen
- 1 TL Kakaopulver
- 250 ml Mandelmilch
- 1 TL Mandelmus
- 1 Prise Zimt
- 1 Msp. Vanillemark

Zubereitung:

1. Alle Zutaten in einem Glas gut miteinander mischen und über Nacht in den Kühlschrank stellen.

2. Zum Frühstück mit Obst Ihrer Wahl dekorieren und genießen.

Tipp: Da der Schokopudding gut vier Tage im Kühlschrank haltbar ist empfiehlt es sich mehrere Gläser davon vorzubereiten und täglich neu mit wechselndem Obst oder Körnern bestreut zu essen.
Für mehr Süße gegebenenfalls 1 TL Kokosblütenzucker in die Mischung geben.

6. Knuspermüsli

Kalorien: 386 kcal | Fett: 22,5 g | Kohlenhydrate: 31,2 g | Eiweiß: 11,8 g

Zubereitungszeit: 5 min, 15 min Backzeit
Portionen: 7 (1 Blech, pro Portion 75 g)
Schwierigkeit: leicht

Zutaten:
- 300 g Haferflocken
- 50 g Kürbiskerne
- 40 g Sonnenblumenkerne
- 50 g gehackte Mandeln
- 40 g Kokosraspel
- 1 TL Zimt
- 40 g Ahornsirup
- 40 g Olivenöl

Zubereitung:

1. Backofen auf 170 Grad Ober- und Unterhitze vorheizen.

2. Alle Zutaten in einer Schüssel mischen und dabei beachten, dass Olivenöl, Zimt und Ahornsirup gleichmäßig verteilt ist.

3. Die Mischung auf ein Backblech mit Backpapier verteilen und für zehn Minuten im Ofen backen.

4. Aus dem Ofen nehmen und wenden.

5. Noch einmal für fünf Minuten backen.

6. Aus dem Ofen nehmen und abkühlen lassen. Danach in ein Schraubglas umfüllen und bei Zimmertemperatur lagern.

Tipp: Wer eine fruchtige Variante bevorzugt kann gerne noch getrocknete Cranberries, Rosinen, getrocknete Apfelstücke je nach Wunsch dazugeben.

7. Tofu Brei

Kalorien: 477 kcal | Fett: 12,2 g | Kohlenhydrate: 66,1 g | Eiweiß: 16,3 g

Zubereitungszeit: **15 min**
Portionen: **1**
Schwierigkeit: **leicht**

Zutaten:

- 150 g Seidentofu
- 1 Banane
- 1 EL gekeimte Dinkelflocken
- 1 El Rosinen
- 50 ml Sojadrink
- 50 ml frisch gepresster Orangensaft
- 1 TL Yacon-Sirup
- Gehackte Paranüsse nach Geschmack
- Himbeeren nach Geschmack
- 1 Prise Zimt

Zubereitung:

1. Seidentofu, Banane, Sojadrink, Orangensaft, Sirup und Zimt im Mixer auf eine breiige, glatte Konsistenz bringen.

2. Brei in eine Schüssel füllen und mit Himbeeren, Rosinen, Dinkelflocken und den gehackten Nüssen garnieren.

Tipp: Es können natürlich auch anderen Beeren und Früchte, sowie andere gehackte Nüsse verwendet werden. Mit der doppelten Menge an Flüssigkeit kann der Brei auch in einen Smoothie-To-Go verwandelt werden, wenn man die Früchte dazu mixt und auf die Nüsse verzichtet.

8. Gepuffter Amaranth

Kalorien: 598 kcal | Fett: 32,2 g | Kohlenhydrate: 58,1 g | Eiweiß: 10,3 g

Zubereitungszeit: 20 min
Portionen: 1
Schwierigkeit: mittel

Zutaten:

- 15 g Amaranth
- 20 g getrocknete Pflaumen
- 20 g getrocknete Aprikosen
- 20 g getrocknete Feigen
- 20 g gehackte Haselnüsse
- 1 EL Kokosflocken
- 150 g Kokosjoghurt
- 1 EL Yacon-Sirup
- 1 Msp. Vanillepulver

Zubereitung:

1. Haselnüsse und Kokosflocken in einer fettfreien Pfanne kurz rösten und zum Abkühlen zur Seite stellen.

2. Amaranth in einem erhitzten, fettfreien Topf puffen.

3. Die getrockneten Früchte in kleine Stücke schneiden.

4. Kokosjoghurt mit Sirup und Vanillepulver in einer Frühstücksschüssel mischen.

5. Gepufften Amaranth im Joghurt mit den gerösteten Nüssen und Kokos unterrühren und mit den getrockneten Früchten garnieren.

Tipp: Wenn Sie die Kohlenhydrate und Kalorienanzahl verringern wollen, dann lassen Sie Sirup und getrocknete Früchte weg und arbeiten Sie mit frischen Beeren. Selbstverständlich können Sie auch Sojajoghurt verwenden.

9. Haferbrei

Kalorien: 433 kcal | Fett: 9,3 g | Kohlenhydrate: 70,3 g | Eiweiß: 10,2 g

Zubereitungszeit: **15 min, 60 min. Einweichzeit**
Portionen: **1**
Schwierigkeit: **leicht**

Zutaten:
- 50 g Haferflocken
- 1 Apfel
- 1 EL Rosinen
- 1 EL Sonnenblumenkerne
- 30 ml Hafermilch
- 80 ml Apfelsaft
- 1 Prise Zimt
- Agavendicksaft nach Geschmack

Zubereitung:

1. Haferflocken, Sonnenblumenkerne und Rosinen in der Mischung aus Hafermilch und Apfelsaft für eine Stunde einweichen.

2. Den Apfel schälen und raspeln.

3. Nach der Einweichzeit den Apfel unter die aufgeweichte Haferflockenmischung rühren und mit Zimt und Agavendicksaft abschmecken.

Tipp: Für etwas Knuspervergnügen mit einem EL Knuspermüsli dekorieren oder mit blauen Beeren bestreuen.

10. Sesam-Porridge

Kalorien: 239 kcal | Fett: 13,2 g | Kohlenhydrate: 22,5 g | Eiweiß: 6,5 g

Zubereitungszeit: 30 min
Portionen: 1
Schwierigkeit: leicht

Zutaten:

- 30 g Buchweizen
- 150 ml Wasser
- ½ TL Tahin Sesampaste
- 1 Prise Salz
- Gehackte Nüsse nach Geschmack

Zubereitung:

1. Das Wasser in einem Topf mit der Prise Salz aufkochen und die Buchweizenkörner dazugeben. Gegebenenfalls die Hitze reduzieren und die Körner für etwa 25 Minuten köcheln lassen, bis sie das Wasser aufgenommen haben.

2. In dem warmen Porridge die Sesampaste unterrühren und mit etwas mehr Salz und eventuell frisch gemahlenem Pfeffer abschmecken.

3. Mit den gehackten Nüssen dekorieren.

Tipp: Zu diesem eher herzhaften Frühstück passen auch sehr gut geraspelte Karotten oder Gurken. Frische Beeren oder das Knuspermüsli sind immer eine Option, um am Geschmack etwas zu ändern. Der Porridge ist für 2 Tage im Kühlschrank gut haltbar und kann somit täglich variiert werden.

11. Pikante Muffins

Kalorien: 166 kcal | Fett: 7,8 g | Kohlenhydrate: 16,9 g | Eiweiß: 6 g

Zubereitungszeit: 30 min, 25 min. Backzeit
Portionen: 12 Muffins, Nährwert pro Muffin
Schwierigkeit: mittel

Zutaten:

- 100 g geriebener Emmentaler
- 120 g Lauch
- 100 g geraspelter Apfel
- 250 g Mehl
- 150 g Butter
- 1 Pkg. Backpulver
- 1 Ei
- 60 ml Milch

Zubereitung:

1. Den Lauch waschen und in dünne Ringe schneiden. Einen kleinen Apfel raspeln.

2. Butter in einem Topf schmelzen und davon zwei EL in eine separate Pfanne geben, erhitzen und den Lauch und die Apfelraspel darin für maximal fünf Minuten anbraten.

3. Die restliche Butter mit dem Ei und der Milch mixen. Gewürze nach Geschmack dazugeben.

4. Käse und gerösteten Lauch, sowie Apfel dazugeben und unterrühren.

5. Mehl und Backpulver vermischt nach und nach unterheben und sofort in das gefettete Muffin Blech füllen oder in die Muffin Förmchen.

6. Im vorgeheizten Backrohr bei 180 Grad Umluft etwa 25 Minuten backen.

7. Die Muffins lauwarm servieren.

Tipp: Anstelle von normaler Milch kann auch gut mit Hafermilch gearbeitet werden und die Butter gegen Kokosöl ausgetauscht.

12. Vollkorn-Muffin

Kalorien: 103 kcal | Fett: 0,7 g | Kohlenhydrate: 16,4 g | Eiweiß: 6,4 g

Zubereitungszeit: 15 min, 15 min Backzeit
Portionen: 1
Schwierigkeit: leicht

Zutaten:
- 1 Scheibe Vollkorntoastbrot
- 15 g Babyspinat
- 1 Ei
- Salz und Pfeffer nach Geschmack

Zubereitung:
1. Backofen auf 160 Grad Umluft vorheizen.
2. Eine Mulde des Muffin Blech leicht einölen.
3. Toastbrotscheibe in die Muffin Mulde drücken.
4. Die Hälfte des Babyspinat hineingeben und das Ei darüber schlagen, den Rest des Spinates auf das Ei geben und mit Salz und Pfeffer würzen.
5. Muffin Blech für gut 15 Minuten in den Ofen schieben.
6. Nach 15 Minuten Backzeit Muffin aus dem Ofen nehmen und für ½ Minute kühlen lassen und erst dann aus der Form nehmen. Anrichten, gegebenenfalls nachwürzen und noch heiß schmecken lassen.

Tipp: Wer herzhaftes Frühstück mag und auf vorbereitetes Frühstück eher Lust hat, der kann diese Toast Muffins auch mit verquirlten Eiern zubereiten und mehrere Muffins vorproduzieren. Sie schmecken auch kalt und sind im Kühlschrank bis zu drei Tage haltbar. Selbstverständlich können die Muffins auch mit anderem Gemüse oder anstatt Salz und Pfeffer mit einer Prise Zimt und Beeren zubereitet werden – dann aber nur für 10 Minuten backen und das Brot richtig gut mit den verrührten Eiern tränken.

13. Kakaopfannkuchen

Kalorien: 729 kcal | Fett: 27,2 g | Kohlenhydrate: 100,1 g | Eiweiß: 14,9 g

Zubereitungszeit: 20 min
Portionen: **1**
Schwierigkeit: **leicht**

Zutaten:

- 75 g Dinkelmehl
- 1 TL Weinsteinbackpulver
- 1 Prise Salz
- 1 EL entöltes Kakaopulver
- 1 TL Rohrohrzucker
- 100 ml Haferdrink
- 1 EL Rapsöl
- ½ Banane
- 1 TL Zartbitter Schokosplitter
- 1 TL Erdnüsse

Zubereitung:

1. Die Banane schälen und in Scheiben schneiden.

2. Die Erdnüsse grob hacken.

3. Mehl, Backpulver, Salz, Zucker und Kakaopulver mischen und nach und nach mit dem Haferdrink verrühren bis eine homogene Masse entsteht.

4. Das Öl in der Pfanne erhitzen und den Teig auf zwei Mal verteilt in der Pfanne herausbacken, dabei auf mittlere Hitze stellen und maximal vier Minuten backen.

5. Pfannkuchen mit Bananenscheiben und gehackten Erdnüssen, sowie Schokosplittern dekorieren und noch warm verzehren.

Tipp: Ohne Kakaopulver und mit etwas mehr Dinkelmehl erhalten Sie helle Pfannkuchen, wie gewohnt.

14. Glutenfreie Pancakes

Kalorien: 275 kcal | Fett: 14 g | Kohlenhydrate: 30,3 g | Eiweiß: 6,5 g

Zubereitungszeit: **30 min**
Portionen: **1**
Schwierigkeit: **leicht**

Zutaten:

- 30 g Reismehl
- 1 Ei
- 1 TL brauner Zucker
- 30 ml Kokosmilch
- 1 TL Kokosraspel
- 1 TL Kokosöl zum Backen

Zubereitung:

1. Das Ei trennen und Eiweiß steif schlagen.

2. Eigelb mit Zucker, Reismehl, Kokosraspel und Kokosmilch zu einem glatten Teig rühren.

3. Den Teig 15 Minuten ruhen lassen und dann den Eischnee unterheben.

4. Kokosöl in einer Pfanne erhitzen und zwei bis drei Pfannkuchen herausbacken.

5. Nach Wahl dekorieren und noch warm genießen.

Tipp: Zu Kokos passen natürlich auch Südfrüchte wie Ananas, Mangos oder Papayas. Da sich die Pancakes im Kühlschrank zwei bis drei Tage halten, können Sie die Pfannkuchen ebenso auf Vorrat zubereiten, um sie dann täglich für ein paar Minuten im Ofen aufzuwärmen und sie wieder warm als Frühstück servieren.

15. Gemüseaufstrich

Kalorien: 134 kcal | Fett: 8,3 g | Kohlenhydrate: 9,5 g | Eiweiß: 3,4 g

Zubereitungszeit: 30 min, 25 min Backzeit
Portionen: **4**
Schwierigkeit: **mittel**

Zutaten:

- 1 Aubergine
- 150 g rote Paprika
- 1 Knoblauchzehe
- ½ Bio-Zitrone
- 2 EL Olivenöl
- ½ TL Paprikapulver
- 1 EL Thymian
- Salz und Pfeffer nach Geschmack

Zubereitung:

1. Den Backofen auf 200 Grad Umluft vorheizen und das Backblech mit Backpapier belegen.

2. Die Aubergine waschen und halbieren, das Fruchtfleisch kreuzförmig einschneiden und mit der Schnittfläche nach oben auf das Backblech legen.

3. Die Paprika waschen und halbieren, die Kerne entfernen und ebenfalls auf das Backblech legen.

4. Das Blech für gut 25 Minuten in den Backofen schieben.

5. Ist das Gemüse gar, kurz abkühlen lassen und das Fruchtfleisch aus der Aubergine holen. Auch die Paprika häuten.

6. Fruchtfleisch nun komplett in einen Mixer geben und die restlichen Zutaten hinzufügen. Mixen bis sich ein grobes Püree ergibt.

Tipp: Natürlich funktioniert dieses Rezept auch mit einem Zucchino und einer Ochsenherztomate, aber auch hier müssen die Kerne, wie bei der Paprika, entfernt werden. Mit Kernen bekommt der Aufstrich bei längerer Lagerung eine dickflüssige Konsistenz.

Mittagessen

Nach ereignisreichen Vormittagen soll das Mittagsmahl die Speicher wieder ausbalancieren. Gemüse mit seinen vielen Nährstoffen bietet sich hier optimal an. Saisonale Abwechslung der Feldfrüchte mit Grundprodukten wie Reis, Linsen oder Nudeln gepaart mit aromatischen Kräutern und Gewürzen sorgen für neuen Schwung und beugen dem nachmittäglichen Leistungstief vor. Ballaststoffe wie sie besser nicht schmecken können, in einer breiten Palette von Gemüsesorten und grünen Blättern. Ein entspanntes Beisammensein trägt zum Wohlbefinden bei und ist unerlässlich für die heutige leistungsorientierte Zeit. Nutzen Sie diese Pause, um leistungsstark in die zweite Hälfte des Tages zu starten.

16. Halloumi-Röllchen

Kalorien: 150 kcal | Fett: 9,5 g | Kohlenhydrate: 4,1 g | Eiweiß: 10 g

Zubereitungszeit: **30 min**
Portionen: **12 (Nährwert pro Röllchen)**
Schwierigkeit: **leicht**

Zutaten:
- 2 Auberginen
- 2 Zweige Rosmarin
- 6 EL rotes Pesto
- 3 EL Tomatenmark
- 350 g Halloumi-Grillkäse
- Salz und Pfeffer nach Geschmack

Zubereitung:

1. Die Auberginen waschen und in fünf mm dicke Scheiben schneiden. Mit Salz bestreuen und auf Küchenpapier etwa 15 Minuten Wasser ziehen lassen.

2. Rosmarinnadeln abzupfen und fein hacken.

3. Das rote Pesto mit dem Tomatenmark und dem frisch gehackten Rosmarin mischen.

4. Den Halloumi in 12 Scheiben schneiden.

5. Die Auberginenstreifen mit der Tomaten-Pesto-Sauce bestreichen, nach Bedarf mit Salz und Pfeffer würzen.

6. Quer mit dem Halloumi belegen, die Auberginenscheiben überschlagen und mit einem Grillspießchen fixieren.

7. Auf dem Grill oder in der Pfanne für insgesamt acht Minuten rundherum grillen oder anbraten und heiß servieren.

Tipp: Diese Röllchen eigenen sich hervorragend als Partysnacks und können natürlich anstatt mit Auberginen auch mit Zucchinischeiben gegrillt werden.

17. Kartoffelknödel auf Chili

Kalorien: 448 kcal | Fett: 17,1 g | Kohlenhydrate: 54,7 g | Eiweiß: 15,4 g

Zubereitungszeit: 30 min, 40 min Kochzeit
Portionen: 2
Schwierigkeit: mittel

Zutaten:

- 200 g mehlig kochende Kartoffeln
- 1 Eigelb
- 1 EL Butter
- 60 g Dinkelmehl
- 1 Prise Muskatnuss
- 200 g Blattspinat
- 1 Knoblauchzehe
- 1 Zwiebel
- 1 EL Olivenöl
- 700 g Datteltomaten
- 1 frische Chili
- 1 l Gemüsebrühe
- 1 EL Tomatenmark

Zubereitung:

1. Die Kartoffeln in Salzwasser weichkochen, abgießen, etwas kühlen lassen und schälen. Jetzt mit dem Eigelb, Mehl und Butter von Hand mischen und mit Salz, Pfeffer und Muskatnuss abschmecken.

2. Den Spinat kurz blanchieren und abschrecken, danach klein hacken.

3. Den Knoblauch schälen und klein würfeln. Danach mit Butter und dem Spinat gemeinsam kurz anbraten und abkühlen lassen.

4. Zwiebel schälen, klein hacken und mit Olivenöl in einer weiteren Pfanne anbraten.

5. Die Tomaten und den Chili waschen und ebenfalls klein schneiden, dann zur Zwiebel in die Pfanne geben und für drei Minuten weiterbraten. Mit der Gemüsebrühe ablöschen, mit Salz, Tomatenmark und Pfeffer abschmecken und köcheln lassen.

6. Aus dem Kartoffelteig Knödel formen und mit Spinat füllen. Danach für bis zu 20 Minuten in Salzwasser köcheln.

7. Mit der Chili-Tomatensauce servieren.

18. Couscous mit Linsen

Kalorien: 323 kcal | Fett: 1,7 g | Kohlenhydrate: 60,2 g | Eiweiß: 12,6 g

Zubereitungszeit: 30 min
Portionen: 2
Schwierigkeit: leicht

Zutaten:
- 1 Birne
- 1 kleine orange Paprikaschote
- 1 Karotte
- 60 g rote Linsen
- 60 g Couscous
- 3 EL getrocknete Cranberries
- 1 TL Gemüsebrühe-Pulver
- Salz, Pfeffer, Couscous-Gewürz und Chiliflocken nach Geschmack

Zubereitung:
1. Die Birne waschen, vierteln, entkernen und in Scheiben schneiden.

2. Die Paprika waschen und in Ringe schneiden, Kerne entfernen.

3. Die Karotte putzen und in Scheiben schneiden.

4. Birne, Paprika, Karotte, Linsen und Couscous in ¼ l Wasser aufkochen. Cranberries, Gemüsebrühe-Pulver und Gewürze nach Geschmack zugeben, Hitze reduzieren und für 15 Minuten köcheln lassen.

5. Nach dem Köcheln sollte das Wasser aufgesogen worden sein und der Couscous kann serviert werden.

Tipp: Naturjoghurt, mit denselben Gewürzen, kann zur Dekoration auf den Couscous gesetzt werden.

19. Gebratener Brokkoli

Kalorien: 556 kcal | Fett: 48,7 g | Kohlenhydrate:10,1 g | Eiweiß: 16,4 g

Zubereitungszeit: 30 min
Portionen: 2
Schwierigkeit: leicht

Zutaten:
- 300 g Brokkoli
- 1 Knoblauchzehe
- 1 kleine Zwiebel
- 1 rote Chili
- 50 g blanchierte Mandeln
- 30 g Pecorino
- 2 EL Sonnenblumenöl
- 2 EL Olivenöl
- Basilikum, Balsamico, Salz und Pfeffer nach Geschmack

Zubereitung:
1. Brokkoli waschen, in Röschen teilen und den Stiel in Scheiben schneiden.

2. Knoblauch und Zwiebel schälen und mit dem Chili klein hacken.

3. Sonnenblumenöl erhitzen und Brokkoli anbraten, dann bei mittlerer Hitze für gut zehn Minuten weiterbraten lassen.

4. In einer zweiten Pfanne die Mandeln ohne Fett anrösten.

5. Die fein gehackte Zwiebel, Knoblauch und Chili mit dem Olivenöl mischen.

6. Brokkoli auf Tellern anrichten, mit Dressing überziehen, den Mandeln bestreuen und Pecorino-Streifen garnieren. Gewürze nach Geschmack dazugeben.

Tipp: Sie können auch Parmesan darüberstreuen oder anderen Hartkäse, welchen Sie bevorzugen.

20. Tofu-Gemüse-Pfanne

Kalorien: 204 kcal | Fett: 6,5 g | Kohlenhydrate: 17,3 g | Eiweiß: 14 g

Zubereitungszeit: **40 min**
Portionen: **2**
Schwierigkeit: **leicht**

Zutaten:
- 1 Zwiebel
- 1 Knoblauchzehe
- 2 Tomaten
- 150 g rote Paprika
- 1 kleiner Fenchel
- 1 Zucchini
- 100 g Tofu
- 35 g schwarze Oliven
- 150 ml Gemüsebrühe
- 1 EL Olivenöl
- Paprikapulver, Salz und Pfeffer nach Geschmack

Zubereitung:
1. Zwiebel und Knoblauch schälen und würfelig schneiden.

2. Restliches Gemüse waschen und in mundgerechte Stücke schneiden.

3. Tofu in Würfel schneiden und Oliven halbieren.

4. Eine Pfanne mit etwas Olivenöl erhitzen, darin Zwiebel und Knoblauch anbraten.

5. Fenchel, Zucchini, Tomaten und Paprika dazugeben und für drei Minuten unter ständigem Rühren mitbraten.

6. Oliven dazufügen und mit der Gemüsebrühe aufgießen. Mit Salz, Pfeffer und Paprikapulver abschmecken. Eventuell fein gehackte frische Kräuter zufügen.

7. Tofu darin verteilen und bei leicht reduzierter Hitze für 15 Minuten zugedeckt köcheln lassen. Die Flüssigkeit sollte eingekocht werden, aber nicht komplett verschwinden.

Tipp: Wenn Sie frischen Thymian, Oregano oder Basilikum bei der Hand haben, so peppen diese Ihre Gemüsegerichte mit einem Kick Frische auf.

21. Grünkohl Auflauf

Kalorien: 560 kcal | Fett: 31,7 g | Kohlenhydrate: 42,5 g | Eiweiß: 19,8 g

Zubereitungszeit: 30 min, 20 min Kochzeit, 20 min. Backzeit
Portionen: 4
Schwierigkeit: mittel

Zutaten:

- 450 g Grünkohl
- 600 g festkochende Kartoffeln
- 1 mittelgroße Zwiebel
- 100 g kernige Haferflocken
- 200 g saure Sahne
- 200 g süße Sahne
- 100 g Hartkäse zum Reiben
- 1 TL Gemüsebrühe
- Salz, Pfeffer und Muskatnuss nach Geschmack

Zubereitung:

1. Den Backofen auf 180 Grad Umluft vorheizen.

2. Den Grünkohl waschen und zerkleinern.

3. Die Kartoffeln schälen und in Salzwasser für etwa 20 Minuten weichkochen, danach in Scheiben schneiden.

4. Die Zwiebel schälen und fein hacken, danach in einer Pfanne mit einem EL Pflanzenöl andünsten.

5. Grünkohl und Haferflocken zur Zwiebel in die Pfanne geben und kurz mitdünsten.

6. In einer Auflaufform nun eine Grundlage Kartoffelscheiben legen, mit Grünkohl und Haferflocken füllen und einer weiteren Lage Kartoffelscheiben abdecken.

7. Die saure und die süße Sahne mit der Gemüsebrühe, Salz, Pfeffer und Muskatnuss abschmecken und über den Auflauf gießen.

8. Käse nach Geschmack frisch darüber reiben und im Backofen fertigbacken, bis der Käse goldbraun ist.

Tipp: Anstelle von Grünkohl können Sie auch Spinat, Mangold oder Löwenzahn verwenden.

22. Gemüse in Kokosbärlauch

Kalorien: 303 kcal | Fett: 19,9 g | Kohlenhydrate: 20,8 g | Eiweiß: 6,7 g

Zubereitungszeit: 30 min
Portionen: 2
Schwierigkeit: leicht

Zutaten:

- 1 walnussgroßes Stück Ingwer
- 1 kleine rote Chilischote
- 100 g Zuckerschoten
- 1 Bund Frühlingszwiebel
- 100 g Zucchini
- 80 g Karotten
- 200 ml Kokosmilch
- 1 Bund Bärlauch
- 1 EL Kokosöl
- Salz, Pfeffer und Sojasauce zum Abschmecken

Zubereitung:

1. Ingwerstück schälen und fein reiben.

2. Chilischote und Frühlingszwiebel in feine Ringe schneiden.

3. Zuckerschoten, Zucchini und Karotten waschen, putzen und in dünne Scheiben schneiden.

4. Bärlauch waschen und fein hacken, danach mit der Kokosmilch mischen und leicht salzen.

5. Ein EL Kokosöl in einem Wok erhitzen und zuerst Ingwer, Chili und Frühlingszwiebel für gut eine Minute anbraten.

6. Karottenscheiben dazugeben und weitere zwei Minuten braten.

7. Zucchini und Zuckerschoten zugeben und weiterbraten für gut eine Minute.

8. Mit der Kokos-Bärlauch-Milch aufgießen und für maximal fünf Minuten einköcheln lassen.

9. Mit Salz, Pfeffer und Sojasauce abschmecken und in zwei Schalen servieren.

Tipp: Asiatische Gemüsepfannen sind immer dazu geeignet, bei großem Hunger von Basmatireis begleitet zu werden.

23. Pilzpfanne

Kalorien: 484 kcal | Fett: 34,2 g | Kohlenhydrate: 10,3 g | Eiweiß: 28,1 g

Zubereitungszeit: 30 min
Portionen: 2
Schwierigkeit: leicht

Zutaten:

- 500 g gemischte Pilze
- 1 Knoblauchzehe
- 2 El Sonnenblumenöl
- 1 Bund frische Kräuter
- ½ Bund Schnittlauch
- 200 g Frischkäse
- Salz und Pfeffer nach Geschmack

Zubereitung:

1. Pilze trocken abreiben, putzen und halbieren oder vierteln.

2. Knoblauch schälen und fein hacken.

3. Öl in einer tiefen Pfanne erhitzen, die Pilze so lange anbraten bis Flüssigkeit austritt und diese wieder verkocht ist.

4. Knoblauch dazugeben und noch einmal eine Minute mitbraten.

5. Inzwischen die frischen Kräuter hacken und den Schnittlauch in Röllchen schneiden.

6. Frischkäse in die Pfanne geben und schmelzen lassen, unterrühren und die Kräuter dazugeben.

7. Mit Salz und Pfeffer abschmecken und zum Servieren mit den frischen Schnittlauchröllchen dekorieren.

Tipp: Wenn Sie als Beilage Kartoffeln oder Semmelknödel reichen, dann ist diese Menge genügend für vier Personen.

24. Antipasti-Gratin

Kalorien: 461 kcal | Fett: 15,9 g | Kohlenhydrate: 58,3 g | Eiweiß: 20,5 g

Zubereitungszeit: **15 min, 20 min Backzeit**
Portionen: **4**
Schwierigkeit: **leicht**

Zutaten:

- 300 g Ciabatta
- 100 ml Vollmilch
- 1 Ei
- 2 EL rotes Pesto
- 350 g gemischte Antipasti (eingelegte Tomaten, Paprika, Auberginen, Zucchini, ...)
- 250 g Mozzarella
- ½ Bund Basilikum

Zubereitung:

1. Heizen Sie Ihren Backofen auf 205 Grad Umluft vor.

2. Ciabatta in einen cm dicke Scheiben schneiden und im aufheizenden Backofen vorrösten.

3. Milch, Ei und rotes Pesto verquirlen.

4. Mozzarella in Scheiben schneiden und Antipasti abtropfen lassen.

5. Ciabatta-Scheiben in der Milch-Ei-Mischung wenden und abwechselnd mit den Antipasti dachschindelmäßig in eine Auflaufform schichten.

6. Mit Mozzarella belegen und für 20 Minuten im vorgeheizten Backrohr überbacken.

7. Inzwischen die Basilikumblätter abzupfen und den Auflauf vor dem Servieren damit dekorieren.

Tipp: Anstatt Ciabatta können Sie auch altes, getrocknetes Baguette oder Toastbrot verwenden. Einen geänderten Geschmack erhalten Sie, wenn Sie zusätzlich zum Mozzarella noch etwas Parmesan frisch über den Auflauf reiben oder gemeinsam mit dem Mozzarella mitüberbacken.

25. Gemüsepaella

Kalorien: 295 kcal | Fett: 9 g | Kohlenhydrate: 42,2 g | Eiweiß: 9,3 g

Zubereitungszeit: 30 min
Portionen: 4
Schwierigkeit: leicht

Zutaten:

- 2 kleine Zwiebel
- 4 Knoblauchzehen
- 1 rote und 1 grüne Paprika
- 1 Fenchel
- 1 Staudensellerie
- 2 Karotten
- 250 g grüne Bohnen
- 350 g Reis
- 800 ml Gemüsebrühe
- Je 1 Prise Safran und Kurkuma
- Cashewnüsse, Cocktailtomaten und schwarze Oliven nach Geschmack
- 1 EL Kokosöl
- Salz und Pfeffer nach Geschmack

Zubereitung:

1. Zwiebel und Knoblauch schälen und kleinwürfelig schneiden.

2. Gemüse waschen, putzen und in mundgerechte Stücke schneiden.

3. Aus dem Gemüse mit knapp einem Liter Wasser, Salz und Pfeffer eine Gemüsebrühe kochen.

4. In einer tiefen Pfanne Kokosöl erhitzen und Zwiebel und Knoblauch darin kurz anbraten. Mit der Gemüsebrühe ablöschen und Reis mit Safran und Kurkuma dazugeben.

5. Köcheln lassen, bis der Reis gar ist. Dann sollte die Brühe komplett verkocht sein.

6. Mit Salz und Pfeffer abschmecken, mit halbierten Cocktailtomaten, gerösteten Cashewnüssen und schwarzen Oliven dekorieren und in der Pfanne servieren.

Tipp: Sie können für diese Gemüsepaella alle Ihre Lieblingsgemüsesorten verwenden und mit fertiger Gemüsebrühe arbeiten, wenn es sich dabei um Zucchini, Paprika oder Tomaten handelt.

26. Tortilla mit Salbei

Kalorien: 481 kcal | Fett: 27,9 g | Kohlenhydrate: 39,5 g | Eiweiß: 14,2 g

Zubereitungszeit: **25 min, 20 min Bratzeit**
Portionen: **4**
Schwierigkeit: mittel

Zutaten:

- 750 g festkochende Kartoffeln
- 2 Zwiebeln
- 10 frische Salbeiblätter
- 5 EL Kokosöl
- 6 Eier
- Salz und weißer Pfeffer nach Geschmack

Zubereitung:

1. Kartoffeln schälen, waschen und in dünne Scheiben schneiden.

2. Zwiebeln schälen und fein würfeln.

3. Öl in einer Pfanne nur leicht erhitzen und die Zwiebel darin garen, aber nicht braten. Kartoffeln dazugeben und für weitere 20 Minuten garen, aber nicht anbraten oder rösten, sie sollen keine Farbe annehmen. Vorsichtig immer wieder wenden. Gegen Schluss auch noch die Salbeiblätter unterheben.

4. Eier mit Salz und Pfeffer verquirlen bis die Mischung schön schaumig wird.

5. Mischung über die Kartoffeln gießen und die Masse für etwa sechs Minuten, bei immer noch mittlerer Hitze, stocken lassen.

6. Mit Hilfe von einem Teller wenden und auch die andere Seite für sechs Minuten fertiggaren.

Tipp: Zum Servieren wird Tortilla immer gestürzt und wie Torte aufgeschnitten und serviert.

27. Karottenflan

Kalorien: 359 kcal | Fett: 24 g | Kohlenhydrate: 27 g | Eiweiß: 7 g

Zubereitungszeit: 25 min, 35 min Backzeit
Portionen: 4
Schwierigkeit: schwer

Zutaten:

- 300 g Karotten
- 1 walnussgroßes Stück Ingwer
- 1 Chilischote
- 2 Orangen
- 2 Eier
- 100 g Sahne
- Salz und Pfeffer nach Geschmack

Zubereitung:

1. Karotten putzen und in dünne Scheiben schneiden.

2. Ingwer schälen und fein reiben. Chili fein hacken.

3. Orangen heiß waschen, abtrocknen und die Hälfte der Schalen abreiben. Die Orangen danach auspressen.

4. Den Orangensaft mit den Karottenscheiben, Ingwer und Chili zugedeckt bei schwacher Hitze gut 12 Minuten köcheln lassen, bis die Karottenscheiben weich sind.

5. Backofen auf 150 Grad Ober- und Unterhitze vorheizen und die Karotten-Orangenmischung mit dem Stabmixer fein pürieren und etwas abkühlen lassen.

6. Eier und Sahne vermischen und das Karottenpüree untermischen.

7. Vier kleine Auflaufförmchen ausfetten und die Karotten-Eier-Masse einfüllen.

8. Ein Backblech soweit mit kochendem Wasser füllen, dass die Förmchen bis zur Hälfte in Wasser stehen und das Blech für 35 Minuten in den Ofen schieben, damit die Masse stocken kann.

Tipp: Vor dem Stürzen des Flans vorsichtig mit einem Messer am Rand lösen. Als Beilage passt perfekt ein Wildkräutersalat mit Giersch, Löwenzahn oder Ihren Lieblingsblättern.

28. Farinata

Kalorien: 397 kcal | Fett: 29 g | Kohlenhydrate: 22 g | Eiweiß: 12 g

Zubereitungszeit: **20 min, 20 min Backzeit**
Portionen: **4**
Schwierigkeit: **mittel**

Zutaten:

- 150 g Kichererbsen Mehl
- 1 Ei
- ½ TL Salz
- 5 EL Olivenöl
- 50 g schwarze Oliven ohne Kern
- 1 rote Zwiebel
- 1 rote Chilischote
- 3 Rosmarinzweige

Zubereitung:

1. Kichererbsen Mehl und Salz in einer Schüssel mischen und in der Mitte eine Vertiefung formen.

2. Das Ei leicht schlagen und gemeinsam mit zwei EL Olivenöl und 400 ml Wasser in die Vertiefung gießen. Nun mit einem Holzlöffel von außen nach innen mischen bis eine dickflüssige Masse entsteht.

3. Für eine Stunde zugedeckt ruhen lassen.

4. Inzwischen die Zwiebel schälen und in feine Ringe schneiden, den Rosmarin abzupfen und klein hacken, sowie den Chili entkernen und fein hacken.

5. Backofen auf 220 Grad Ober- und Unterhitze vorheizen.

6. Auf einem Backblech das restliche Öl verteilen und im Backofen während der Vorheizphase kurz anwärmen.

7. Die Farinatamasse nochmal durchrühren und vorsichtig auf dem Blech verteilen und glattstreichen.

8. Oliven, Rosmarin, Chili und Zwiebelringe gleichmäßig darauf verteilen und für etwa 20 Minuten goldbraun backen.

Tipp: Farinata in kleinere Stücke geschnitten eignet sich auch hervorragend als Partysnack und kann beispielsweise mit Zaziki serviert werden.

29. Gefüllte Zucchiniblüten

Kalorien: 177 kcal | Fett: 12,4 g | Kohlenhydrate: 5,7 g | Eiweiß: 9,5 g

Zubereitungszeit: **25 min, 60 min Kühlzeit, 10 min Backzeit**
Portionen: **2**
Schwierigkeit: **mittel**

Zutaten:
- 4 Zucchiniblüten mit Stielansatz
- 100 g Ricotta
- 10 g frisch geriebener Pecorino
- 1 Eigelb
- Frisch geriebene Schale einer halben Bio-Zitrone
- Je 2 Stängel Basilikum und krause Petersilie
- Salz und Pfeffer nach Geschmack

Zubereitung:
1. Basilikum und Petersilie waschen und fein hacken.

2. Ricotta, Pecorino, Eigelb, die frisch gehackten Kräuter und die Zitronenschale vermischen, glattrühren und mit Salz und Pfeffer abschmecken.

3. Die Ricotta Masse für eine Stunde kaltstellen.

4. Backofen auf 200 Grad Ober- und Unterhitze vorheizen.

5. Zucchiniblüten vorsichtig öffnen und den Blütenstempel entfernen, den Stielansatz je nach Größe oder Länge etwa drei bis vier Mal einschneiden.

6. Jede Blüte mit einem Teelöffel vorsichtig füllen und die Blütenblätter danach zusammendrehen.

7. Ein Backblech ölen und die Blüten nebeneinander darauf platzieren. Mit dem restlichen Öl die Blüten bepinseln.

8. Auf mittlerer Schiene für etwa zehn Minuten backen.

Tipp: Serviert werden die gefüllten Zucchiniblüten mit frischer Tomatensalsa oder Tomatensalat.

30. Wintergemüse

Kalorien: 185 kcal | Fett: 5,4 g | Kohlenhydrate: 27,3 g | Eiweiß: 5,7 g

Zubereitungszeit: **20 min, 30 min Backzeit**
Portionen: **2**
Schwierigkeit: leicht

Zutaten:

- 400 g Wurzelgemüse (Karotten, Pastinaken, Rote Beete, Topinambur, ...)
- 20 g Wasabi-Erdnüsse
- 3 EL Pflanzenöl
- Salz und Pfeffer nach Geschmack

Zubereitung:

1. Den Backofen auf 200 Grad Ober- und Unterhitze vorheizen.

2. Die Wasabi Erdnüsse im Mixer grob mahlen.

3. Das Wurzelgemüse waschen, putzen und in eineinhalb Centimeter dicke Stifte schneiden.

4. Gemüsestifte, gemahlene Wasabi Erdnüsse und Öl in einer großen Schüssel gut mischen und danach gleichmäßig auf einem Backblech verteilen.

5. Auf der mittleren Schiene das Gemüse für gut 30 Minuten backen.

Tipp: Die perfekte Beilage zu diesem Gemüse ist eine würzige Mayonnaise.

Abendessen

Wenn Sie die bisherigen Rezepte oder den Ratgeberteil in diesem Buch für gut befunden haben, dann teilen Sie doch Ihre Meinung mit anderen und geben uns ein positives Feedback anhand einer Rezension auf Amazon. So merken wir auch, ob es Ihnen gefallen hat und können dies bei weiteren Kochbüchern aufnehmen. Uns liegt es sehr am Herzen, auf die Wünsche unserer Leserschaft einzugehen. So können wir die Qualität unserer Bücher stets verbessern. Wir wünschen Ihnen weiterhin viel Erfolg beim Nachkochen der Rezepte.

Nach einem langen Arbeitstag zusammensitzen und in launigen Gesprächen, bei einem guten Essen den Abend einläuten, entspricht der südeuropäischen Mentalität. Diese Tradition ist gerade für Familien eine gute Gelegenheit sich auszutauschen und bei schmackhaften und vitaminreichen Gerichten die Ereignisse des Tages zu besprechen und die nächsten Tage zu planen.
Gemeinsames Kochen steht dabei für viele Paare und auch Freundeskreise am Anfang von entspannenden Stunden mit der Vielfalt an Aromen aus den Küchen dieser Welt. Gewürze zur Anregung der Verdauung spielen hier eine große Rolle und sorgen auch für den erholsamen Schlaf, um ausgeruht wieder in einen neuen Tag zu starten.

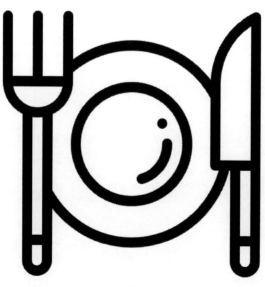

31. Gefüllte Paprika

Kalorien: 347 kcal | Fett: 11 g | Kohlenhydrate: 47 g | Eiweiß: 13 g

Zubereitungszeit: **25 min, 30 min Backzeit**
Portionen: **4**
Schwierigkeit: mittel

Zutaten:

- 200 g Hirse
- 4 große rote Paprika
- 200 g Champignons
- 2 kleine Zwiebeln
- 600 ml Gemüsebrühe
- 3 EL Olivenöl
- 1 Prise Paprikapulver scharf
- Salz, Pfeffer und weitere Gewürze nach Geschmack

Zubereitung:

1. Die Gemüsebrühe in einem Topf aufkochen lassen und die Hirse hinzugeben. Hitze reduzieren und für etwa 20 Minuten leicht köcheln lassen. Gegen Ende öfter umrühren, damit nichts anbrennt. Nach den 20 Minuten von der Platte nehmen und zugedeckt ausquellen lassen.

2. Inzwischen die Paprika waschen, den Deckel ablösen und die Kerne entfernen.

3. Den Backofen auf 180 Grad Umluft vorheizen.

4. Die Zwiebeln schälen und klein würfeln.

5. Die Champignons putzen und in dünne Scheiben schneiden.

6. Olivenöl in einer Pfanne erhitzen, die Zwiebelwürfel anbraten und mit den Champignonscheiben noch einmal gut zwei Minuten weiterbraten lassen.

7. Mit Salz, Pfeffer, Paprikapulver und eventuell weiteren Gewürzen abschmecken und mit der Hirse vermischen.

8. Die Paprika mit der Hirsemasse füllen und den Deckel wieder auflegen. Für 30 Minuten stehend in einer Auflaufform fertig garen.

32. Bunte Bulgur Pfanne

Kalorien: 453 kcal | Fett: 27 g | Kohlenhydrate: 31,8 g | Eiweiß: 11,7 g

Zubereitungszeit: 30 min
Portionen: 2
Schwierigkeit: leicht

Zutaten:

- 130 g Vollkorn-Bulgur
- 150 g Zucchini
- 100 g Karotten
- 150 g Erbsen
- 1 kleine Zwiebel
- 1 Knoblauchzehe
- 1 Chilischote
- 350 ml Gemüsebrühe
- 2 EL Sonnenblumenöl
- 1 EL Sojasauce
- 100 ml Hafersahne
- Salz, Pfeffer und weitere Gewürze nach Geschmack

Zubereitung:

1. Zucchini und Karotten waschen und in dünne Stifte schneiden.

2. Zwiebel und Knoblauch schälen und fein hacken.

3. Chilischote waschen und in feine Ringe schneiden.

4. Das Öl in einer Pfanne erhitzen und die Zwiebelwürfel mit dem Knoblauch darin anbraten. Den Bulgur dazugeben und unter ständigem Rühren weiter anbraten bis die Zwiebel glasig ist.

5. Die Chiliringe untermischen und mit der Gemüsebrühe aufgießen. Kurz aufkochen lassen und zugedeckt bei reduzierter Hitze etwa zehn Minuten garen.

6. Nun das Gemüse dazugeben und einmal gut durchrühren. Deckel wieder auf die Pfanne und noch einmal für fünf Minuten garen lassen. Danach die Erbsen dazugeben, Sahne und Sojasauce einrühren und für weitere fünf Minuten ohne Deckel ausquellen lassen.

7. Mit Salz und Pfeffer, sowie Gewürzen und frisch gehackten Kräutern nach Geschmack abschmecken und noch einmal durchrühren, bevor Sie servieren.

33. Schneller Couscous Topf

Kalorien: 302 kcal | Fett: 11 g | Kohlenhydrate: 41 g | Eiweiß: 7 g

Zubereitungszeit: 15 min
Portionen: 2
Schwierigkeit: leicht

Zutaten:

- 200 g Vollkorn-Couscous
- 100 g getrocknete, in Öl eingelegte, Tomaten
- 1 rote Chilischote
- 100 g Zwiebel
- 2 Knoblauchzehen
- 2 EL Kapern
- 350 ml Gemüsebrühe
- 4 EL Olivenöl
- 1 EL Tomatenmark
- Salz, Pfeffer und weitere Gewürze nach Geschmack

Zubereitung:

1. Den Couscous in einem Sieb gründlich spülen und danach mit der Gemüsebrühe in einem Topf zum Kochen bringen. Einmal Aufkochen lassen und vom Herd nehmen. Zudecken und für gut zehn Minuten ausquellen lassen.

2. Die Zwiebel und den Knoblauch schälen und klein hacken.

3. Die Chilischote in feine Ringe schneiden.

4. Die eingelegten Tomaten gut abtropfen und in kleine Stücke schneiden.

5. Das Öl in einer Pfanne erhitzen und die Zwiebel für drei Minuten darin anbraten. Knoblauch und Chili zufügen und noch einmal für gut eine Minute weiterbraten.

6. Nun die Tomaten und das Tomatenmark in die Pfanne geben und unter ständigem Rühren erhitzen. Gegebenenfalls etwas Wasser oder restliche Gemüsebrühe zufügen.

7. Couscous, Kapern und Gewürze nach Geschmack in die Pfanne zugeben und alles gut untermischen.

Tipp: Fein gehacktes Basilikum für ein wenig Frische und Dekoration sorgt auch für eine Abrundung des Geschmacks.

34. Dinkelnudeln in Nuss Pesto

Kalorien: 980 kcal | Fett: 65 g | Kohlenhydrate: 74 g | Eiweiß: 18 g

Zubereitungszeit: **30 min**
Portionen: **1**
Schwierigkeit: **leicht**

Zutaten:

- 200 g Dinkel Vollkornnudeln nach Wahl
- 60 g Walnusskerne
- 25 g frische Kräuter nach Geschmack
- 60 ml Sojasahne
- 2 Knoblauchzehen
- 7 EL Olivenöl
- 1 EL Zitronensaft
- 1 EL Edelhefeflocken
- Salz, Pfeffer und Muskatnuss nach Geschmack

Zubereitung:

1. Die Dinkel Nudeln nach Packungsanweisung bissfest kochen.

2. Den Knoblauch schälen und mit den Walnüssen klein hacken.

3. Die gehackte Mischung mit dem Olivenöl, den Kräutern, Salz und Pfeffer, sowie den Edelhefeflocken in einem hohen Gefäß mit dem Stabmixer fein pürieren.

4. Die Nudeln abgießen und dabei etwa 50 ml des Kochwassers zurückbehalten.

5. Den Topf wieder auf den Herd stellen und das Pesto darin anwärmen. Die Nudeln unterrühren die Sojasahne untermischen und mit dem Zitronensaft abschmecken.

Tipp: Anstelle der Hefeflocken können Sie auch einen Esslöffel geriebenen Parmesan in das Pesto mixen.

35. Ingwer-Sellerie-Nudeln

Kalorien: 748 kcal | Fett: 33,9 g | Kohlenhydrate: 87,7 g | Eiweiß: 16 g

Zubereitungszeit: **20 min**
Portionen: **1**
Schwierigkeit: **leicht**

Zutaten:

- 250 g Dinkel Nudeln nach Wahl
- 200 g Knollensellerie
- 75 g Frühlingszwiebel
- 200 ml Wasser
- 2 EL Olivenöl
- 1 EL Sojasauce
- 1 walnussgroßes Stück Ingwer
- 1 EL Maisstärke
- Salz, Pfeffer, geriebener Ingwer und Kurkuma nach Geschmack

Zubereitung:

1. Die Dinkel Nudeln nach Packungsanweisung in Salzwasser mit dem geschälten Stück Ingwer kochen.

2. Inzwischen die Frühlingszwiebeln in Ringe schneiden.

3. Den Knollensellerie gegebenenfalls schälen und in Stifte schneiden.

4. Das Öl in einer Pfanne erhitzen und die weißen Zwiebelringe darin mit dem geriebenen Ingwer anbraten.

5. Die Zwiebel-Ingwermischung nach etwa drei Minuten mit dem Wasser ablöschen und die Selleriestifte dazugeben. Diese nun für fünf Minuten weich köcheln lassen.

6. Die Maisstärke in einem EL Wasser einrühren und mit der Sojasauce in die Pfanne rühren. Gut eine Minute weiterköcheln lassen und mit Salz und Pfeffer, sowie Kurkuma abschmecken.

7. Die abgetropften Nudeln in die Pfanne geben und gut mit der Selleriesauce mischen.

Tipp: Ein paar Korianderblättchen und die grünen Ringe der Frühlingszwiebel eigenen sich hervorragend, um die Teller zu dekorieren.

36. Gemüsereis mit Wakame

Kalorien: 375 kcal | Fett: 11 g | Kohlenhydrate: 56 g | Eiweiß: 8 g

Zubereitungszeit: 15 min, 60 min Einweichzeit
Portionen: 2
Schwierigkeit: leicht

Zutaten:

- 100 g Camargue Reis
- 250 g Wirsing
- 150 g Rote Beete
- 120 g Stangensellerie
- 50 g Zwiebel
- 3 getrocknete Blätter Wakame
- 2 EL Erdnussöl
- Sojasauce, Yacon-Sirup, Wasabi Paste, Salz und Pfeffer

Zubereitung:

1. Die Wakame Algenblätter für 60 Minuten in kaltem Wasser einweichen.

2. Zur Hälfte der Einweichzeit den Reis mit etwa 300 ml Wasser für gut 35 Minuten bissfest köcheln.

3. Inzwischen den Wirsing waschen und in Streifen schneiden.

4. Die Rote Beete schälen und würfeln.

5. Die Zwiebel und die Stangensellerie schälen und in dünne Streifen schneiden.

6. Einen EL des Öls in einem Wok erhitzen und die Rote Beete darin für gut fünf Minuten anbraten. Wieder herausnehmen und beiseitestellen.

7. Das restliche Öl in den Wok geben und den fertigen Reis mit Wirsing, Zwiebeln und Sellerie für etwa sechs Minuten unter ständigem Rühren anbraten.

8. Nun die Algenblätter in Streifen schneiden und mit den Rote Beete Würfeln in die Pfanne geben, gut durchrühren und mit Sojasauce, Yacon-Sirup, Wasabi Paste sowie Salz und Pfeffer abschmecken.

Tipp: Schneller geht das Gericht, wenn Sie mit normalem Reis arbeiten, um die Einweichzeit der Algen kommt man aber nicht herum.

37. Chili mit Basmati

Kalorien: 481 kcal | Fett: 17,6 g | Kohlenhydrate: 54 g | Eiweiß: 15,5 g

Zubereitungszeit: 30 min
Portionen: 2
Schwierigkeit: leicht

Zutaten:
- 120 g Basmatireis
- 500 g Paprika
- 200 g Tomaten
- 100 g Zwiebeln
- 150 g Kidneybohnen aus der Dose
- 1 Knoblauchzehe
- 1 rote Chilischote
- 100 ml Gemüsebrühe
- 2 EL Erdnussöl
- Limettensaft, frisch gehackter Koriander, Salz und Pfeffer

Zubereitung:
1. Den Reis laut Packungsanleitung zubereiten, dies sollte nicht länger als 15 Minuten dauern.

2. Inzwischen die Paprika waschen, entkernen und in halbierte Streifen schneiden.

3. Die Zwiebel und die Knoblauchzehe schälen und fein hacken.

4. Die Tomaten waschen und würfeln, sowie die Kidneybohnen abtropfen lassen und kurz spülen.

5. Das Öl in einer Pfanne mit hohem Rand erhitzen und die Zwiebeln, Knoblauch und Chili darin anbraten. Immer wieder umrühren.

6. Nach zwei Minuten die Paprika dazugeben und noch einmal für vier Minuten weiterbraten.

7. Danach die Tomatenwürfel und die Bohnen hinzufügen, alles gut durchmischen und für etwa zwei Minuten mit erhitzen.

8. Mit der Gemüsebrühe ablöschen und mit Limettensaft, Salz und Pfeffer abschmecken. Mit dem frisch gehackten Koriander bestreuen und servieren.

Tipp: Klassischer Reis bedarf zwar kürzerer Kochzeiten, verkosten Sie dennoch ab und an auch andere Sorten und bringen Abwechslung ins Mahl.

38. Steinpilz Risotto

Kalorien: 538 kcal | Fett: 46 g | Kohlenhydrate: 21,8 g | Eiweiß: 4,6 g

Zubereitungszeit: 30 min
Portionen: 2
Schwierigkeit: mittel

Zutaten:

- 200 g Risotto-Reis
- 25 g getrocknete Steinpilze
- 75 g Zwiebeln
- 1 Knoblauchzehe
- 1 l Gemüsebrühe
- 100 ml Hafersahne
- 5 EL Olivenöl
- 1 Briefchen Safranfäden
- 1 Lorbeerblatt
- 2 EL Edelhefeflocken
- Balsamico, Mandelmus, Salz und Pfeffer nach Geschmack

Zubereitung:

1. Die Steinpilze für etwa zehn Minuten in kaltem Wasser einweichen.

2. Zwiebel und Knoblauch schälen und fein hacken.

3. In einer hohen Pfanne vier EL Öl erhitzen und Zwiebel mit Knoblauch für zwei Minuten andünsten.

4. Den Reis und die Safranfäden dazugeben und mit etwas Gemüsebrühe ablöschen. Das Lorbeerblatt dazugeben und salzen. Nun auch die Hitze etwas reduzieren und unter Umrühren die Brühe vom Reis aufnehmen lassen.

5. Mit dem restlichen Öl die Steinpilze in einer weiteren Pfanne anbraten und danach in das Risotto geben. Weiterrühren und immer wieder Gemüsebrühe nachgießen, wenn diese vom Reis aufgenommen ist.

6. Am Ende der Kochzeit, nach etwa 25 Minuten, die Hafersahne, die Hefelocken und Balsamico und Mandelmus nach Geschmack dazugeben und noch für etwa vier bis fünf Minuten weiterköcheln lassen. Danach sofort servieren.

Tipp: Als Garnitur eignet sich frisch gehackte Petersilie.

39. Kartoffel Curry

Kalorien: 722 kcal | Fett: 32 g | Kohlenhydrate: 92 g | Eiweiß: 12 g

Zubereitungszeit: **30 min**
Portionen: **2**
Schwierigkeit: **leicht**

Zutaten:

- 4 große Kartoffeln
- 2 Fleischtomaten
- 2 Frühlingszwiebeln
- 1 grüne Chilischote
- 2 Knoblauchzehen
- 1 2 cm großes Stück Ingwer
- 4 EL Kokossahne
- 2 EL Kokosöl
- 1 Zimtstange
- Garam Masala, Salz und Pfeffer nach Geschmack

Zubereitung:

1. Die Kartoffeln waschen, schälen und in mundgerechte Würfel schneiden.

2. Die Tomaten waschen und würfeln.

3. Den Knoblauch und Ingwer schälen und fein hacken.

4. Die Frühlingszwiebel und die Chilischote in feine Ringe schneiden.

5. Die Kartoffeln für etwa zehn Minuten fast garkochen.

6. Aus den Frühlingszwiebeln, dem Knoblauch und Ingwer, sowie der Chilischote im Mixer eine cremige Paste herstellen.

7. Das Kokosöl erhitzen und die Paste darin für zwei Minuten andünsten.

8. Die Tomaten, die Zimtstange und das Garam Masala dazugeben und weitere zwei Minuten dünsten. Danach die Sahne dazugeben und kurz aufkochen lassen.

9. Die Kartoffeln unterrühren und für fünf Minuten mitköcheln.

10. Mit Salz und Pfeffer abschmecken und sofort servieren.

40. Kartoffel-Rösti mit Gemüse

Kalorien: 336 kcal | Fett: 11 g | Kohlenhydrate: 50 g | Eiweiß: 7 g

Zubereitungszeit: **30 min**
Portionen: **2**
Schwierigkeit: **leicht**

Zutaten:

- 500 g festkochende Kartoffeln
- 1 kleine Karotte
- ½ Zucchini
- 2 kleine Petersilienwurzeln
- 1 Zwiebel
- 3 EL Olivenöl
- Muskatnuss, Pfeffer, Salz und Thymian nach Geschmack

Zubereitung:

1. Die Kartoffeln waschen und schälen.

2. Die Karotte, die Zucchini und die Petersilienwurzeln waschen und gegebenenfalls ebenso schälen.

3. Die Zwiebel schälen und fein hacken.

4. Das Gemüse in eine große Schüssel raspeln und mit den Zwiebeln mischen, mit Thymian, Salz, Pfeffer und Muskatnuss abschmecken.

5. Das Olivenöl in einer Pfanne erhitzen und die Gemüsemasse mit einem EL in die Pfanne setzen. Mit dem Löffel im Öl plattdrücken und für etwa drei Minuten auf jeder Seite goldbraun anbraten.

6. Werden die Rösti zu schnell dunkel, dann die Hitze reduzieren und den Rösti mehr Zeit geben.

7. Rösti aus dem Öl holen und mit einem Küchenpapier das anhaftende Öl entfernen oder abtupfen. Eventuell noch etwas Öl nachgeben, um alle Rösti in derselben Menge zu backen.

Tipp: Mit einer leichten Mayonnaise oder einem Salat schmecken die Rösti noch besser.

41. Gnocchi

Kalorien: 447 kcal | Fett: 6 g | Kohlenhydrate: 81 g | Eiweiß: 15 g

Zubereitungszeit: 20 min, 20 min Kochzeit
Portionen: 4
Schwierigkeit: mittel

Zutaten:

- 1 kg kleine mehlig kochende Kartoffeln
- 250 g Vollkorn-Dinkel-Mehl
- 1 Ei
- 2 EL Kokosöl
- Salz und Muskatnuss zum Abschmecken

Zubereitung:

1. Die Kartoffeln waschen und in einem Topf mit Wasser für etwa 15 Minuten weichkochen. Abtropfen lassen und etwas abkühlen, dann schälen.

2. Im selben Topf noch einmal Salzwasser zum Kochen bringen und die Hitze reduzieren bis es simmert.

3. Die Kartoffeln, das Mehl, das Ei und das Kokosöl zu einer zähen Masse verrühren.

4. Die Masse mit Salz und Muskatnuss abschmecken.

5. Die Arbeitsfläche etwas bemehlen, den Teig aus der Schüssel nehmen und gut fünf Minuten mit den Händen kneten.

6. Den Teig in fünf gleich große Teile teilen und daraus Rollen formen, diese nun in etwa eineinhalb Centimeter große Stücke schneiden.

7. Für die klassische Gnocchi Form die Teigstucke zu Kugeln formen und mit einer Gabel die Rillen eindrücken.

8. Die Gnocchi nun im leicht simmernden Wasser kochen bis sie aufsteigen und schwimmen. Herausholen und abtropfen lassen.

Tipp: Diese Kartoffelnudeln lassen sich perfekt auf Vorrat produzieren und portionsweise einfrieren.

42. Karotten Gulasch

Kalorien: 361 kcal | Fett: 22 g | Kohlenhydrate: 31 g | Eiweiß: 7 g

Zubereitungszeit: 25 min
Portionen: 2
Schwierigkeit: leicht

Zutaten:

- 500 g Karotten
- 2 mittelgroße Zwiebeln
- 250 ml Gemüsebrühe
- 4 EL Sonnenblumenöl
- 1 EL Kokossahne
- 1 EL Paprikapulver edelsüß
- 1 EL Paprikapulver scharf
- Salz und Pfeffer nach Geschmack

Zubereitung:

1. Die Karotten waschen, gegebenenfalls schälen und in mundgerechte Bissen schneiden.

2. Die Zwiebeln schälen und fein hacken.

3. In einem Topf das Öl schmelzen und die Zwiebeln darin glasig dünsten. Nun mit dem Paprikapulver vermischen und die Karotten dazugeben.

4. Mit der Gemüsebrühe aufgießen mit Salz und Pfeffer abschmecken und weiterköcheln lassen bis die Karotten gar sind.

5. Mit der Kokossahne verfeinern und eventuell mit asiatischen Kräutern noch leicht dekorieren.

Tipp: Dieses Basisgulaschrezept kann auch mit allen Kartoffelarten, Pastinaken oder Topinambur gekocht werden.

43. One-Pot-Pasta

Kalorien: 340 kcal | Fett: 9,7 g | Kohlenhydrate: 41,73 g | Eiweiß: 18,5 g

Zubereitungszeit: **15 min**
Portionen: **2**
Schwierigkeit: **leicht**

Zutaten:
- 250 g Vollkorn Nudeln
- 500 ml Gemüsebrühe
- 2 EL Frischkäse
- ½ rote Zwiebel
- 1 Knoblauchzehe
- ½ Zucchini
- ½ Brokkoli
- 25 g getrocknete Tomaten
- 50 g Feta
- Salz und Pfeffer nach Geschmack, frisch gehackte Kräuter

Zubereitung:
1. Zwiebel und Knoblauch schälen und in feine Scheiben schneiden.

2. Zucchini waschen und in dünne Scheiben schneiden.

3. Brokkoli waschen und Röschen teilen.

4. Das gesamte Gemüse mit den Nudeln in einen Topf geben und mit der Gemüsebrühe bei starker Hitze einmal zum Aufkochen bringen. Die Hitze reduzieren, den Frischkäse zugeben und gut sieben Minuten weiterköcheln lassen.

5. Kräuter nach Geschmack fein hacken.

6. Den Feta zerbröseln und die getrockneten Tomaten in feine Scheiben schneiden.

7. Kräuter, Feta und Tomaten gemeinsam mit Salz und Pfeffer nach Geschmack unterheben, etwas anwärmen und auf Teller verteilen.

Tipp: Für One-Pot-Gerichte eignen sich viele weitere Gemüsesorten, sowie auch schnell kochender Reis oder Quinoa und Bulgur.

44. Linsenfrikadellen

Kalorien: 379 kcal | Fett: 3 g | Kohlenhydrate: 59,6 g | Eiweiß: 24 g

Zubereitungszeit: 30 min
Portionen: 2
Schwierigkeit: leicht

Zutaten:

- 150 g rote Linsen
- 1 Knoblauchzehe
- 1 Ei
- 3 EL Dinkel- Vollkorn-Mehl
- 4 EL Haferflocken
- Salz und Pfeffer nach Geschmack
- Frisch gehackte Kräuter und Cayennepfeffer zum Verfeinern

Zubereitung:

1. Die Linsen in reichlich Wasser für 15 Minuten weichkochen, abgießen und abkühlen lassen.

2. Inzwischen den Knoblauch schälen und fein hacken.

3. Linsen, Knoblauch, Mehl und Haferflocken mit dem Ei zu einer Masse mischen, die sich formen lässt. Mit Salz, Pfeffer, frisch gehackten Kräutern und eventuell Cayenne abschmecken.

4. Sechs bis acht Bratlinge aus der Masse formen.

5. Bodendeckend Öl in einer Pfanne erhitzen und die Bratlinge auf jeder Seite für gut fünf Minuten goldbraun anbraten.

Tipp: Als Beilage eignen sich Salate oder leichte Dips aus veganer Mayonnaise und denselben Kräutern, die schon in den Bratlingen vorhanden sind.

45. Mangold überbacken

Kalorien: 255 kcal | Fett: 18,9 g | Kohlenhydrate: 8,2 g | Eiweiß: 8,7 g

Zubereitungszeit: 30 min
Portionen: 2
Schwierigkeit: leicht

Zutaten:
- 500 g Mangold
- 125 g Kirschtomaten
- 40 g Ziegenfrischkäse
- 2 Stiele frischer Thymian
- 2 EL Olivenöl
- Salz und Pfeffer nach Geschmack

Zubereitung:
1. Den Mangold waschen und den Strunk entfernen.

2. In einem großen Topf Wasser zum Kochen bringen und den Mangold für maximal zwei Minuten blanchieren. Gut abtropfen lassen.

3. Die Tomaten waschen und halbieren.

4. Den Ziegenkäse in Würfel schneiden.

5. Die Blättchen vom Thymian zupfen und hacken.

6. Den Ofen auf 150 Grad Umluft vorheizen.

7. Die Mangoldblätter in mundgerechte Stücke schneiden und in eine Auflaufform legen. Tomatenhälften und Käsewürfel gleichmäßig drauf verteilen und den Thymian darüber streuen.

8. Mit dem Olivenöl alles beträufeln und für etwa zehn Minuten in den Ofen stellen, bis der Käse beginnt zu schmelzen.

9. Vor dem Servieren mit grobem Meersalz und frisch gemahlenem Pfeffer überziehen.

Tipp: Anstatt Mangold können Sie auch Kohlsorten verwenden.

Snacks

Ob Fingerfood für die nächste Party oder perfekte Kleinigkeiten für Ihr nächstes Picknick, in den Snacks finden sich leckere und schnelle Kleinigkeiten, die sich auch hervorragend als Vorspeisen servieren lassen. Sie können ins Büro oder die Schule mitgenommen werden und sorgen für eine vitaminreiche Energiezufuhr zwischen den Mahlzeiten. Alle Fans von Chips und süßen Naschereien finden hier Ideen die industriellen Snacks mit ihren vielen ungesunden Zusatzstoffen gegen selbstgemachte Köstlichkeiten auszutauschen und ihren Geschmacksknospen ein abwechslungsreiches Spiel der Aromen zu gönnen.

46. Sommerspieß

Kalorien: 318 kcal | Fett: 23,7 g | Kohlenhydrate: 16,5 g | Eiweiß: 6,6 g

Zubereitungszeit: **15 min**
Portionen: **2**
Schwierigkeit: **leicht**

Zutaten:
- 150 g Cocktailtomaten
- 1 kleine Zucchini
- 1 kleine Aubergine
- 2 kleine rote Zwiebeln
- 3 EL Olivenöl
- Salz und Pfeffer nach Geschmack
- Frisch gehackte Kräuter nach Geschmack

Zubereitung:

1. Gemüse waschen und in grobe Stücke schneiden. Die Cocktailtomaten dabei ganz lassen.

2. Gemüse im Wechsel auf Spieße stecken.

3. In einer Grillpfanne das Olivenöl erhitzen und die Spieße darin auf allen Seiten gleichmäßig für gut sechs Minuten anbraten.

4. Spieße auf einer Servierplatte arrangieren und mit grobem Salz und frisch gemahlenem Pfeffer, sowie frisch gehackten Kräutern bestreuen.

Tipp: Käseliebhaber können auch Halloumi unter das Gemüse mischen. Paprika und Kürbis können ebenso aufgespießt werden zur Abwechslung.

47. Grünkohl-Chips

Kalorien: 244 kcal | Fett: 15,1 g | Kohlenhydrate: 3,5 g | Eiweiß: 5,7 g

Zubereitungszeit: 10 min, 30 min Backzeit
Portionen: 2
Schwierigkeit: leicht

Zutaten:

- 250 g Grünkohl
- 3 EL Kokosöl
- ½ TL Meersalz
- ½ TL Chiliflocken

Zubereitung:

1. Den Backofen auf 130 Grad Ober- und Unterhitze vorheizen.

2. Den Grünkohl in mundgerechte Stücke zupfen und dabei auch gleich den Strunk entfernen.

3. Gut waschen und mit einer Salatschleuder so trocken wie möglich schleudern. Gegebenenfalls noch einmal nachtrocknen.

4. Kokosöl, Meersalz und Chiliflocken mischen und die Grünkohlstücke darin wenden.

5. Auf einem Backblech locker verteilen und für gut 30 Minuten trocknen und knusprig werden lassen, dabei die Backofentür immer wieder öffnen, damit der Wasserdampf entweichen kann.

Tipp: Produzieren Sie lieber etwas mehr, als zu wenig!

48. Romana-Wrap

Kalorien: 37 kcal | Fett: 2,5 g | Kohlenhydrate: 2,8 g | Eiweiß: 0,7 g

Zubereitungszeit: 25 min
Portionen: 4
Schwierigkeit: leicht

Zutaten:

- 1 Romana Salat
- 150 g Salatgurke
- 85 g Karotte
- Je 2 Stängel Koriander, Zitronenmelisse und Basilikum
- 1 EL Kokosöl

Zubereitung:

1. Die großen Blätter des Romanasalates für etwa drei Sekunden in kochendem Wasser blanchieren.

2. Blätter abtropfen lassen und den Strunk entfernen.

3. Die Gurke und die Karotte waschen und in drei cm lange Stifte schneiden.

4. Die Kräuter abbrausen und die Blätter abzupfen, fein hacken und mit dem Olivenöl mischen. Nach Bedarf mit Salz und Pfeffer abschmecken.

5. Gemüse in die Ölmischung geben und für ein paar Minuten marinieren lassen.

6. Je ein Salatblatt mit einem Esslöffel der Gemüsemischung füllen und mit einem Zahnstocher fixieren.

Tipp: Sehr gut dazu passt die vegane Mayonnaise mit denselben Kräutern verfeinert oder mit Chili für mehr Schärfe.

49. Rohkostplatte

Kalorien: 119 kcal | Fett: 1 g | Kohlenhydrate: 17,6 g | Eiweiß: 5,4 g

Zubereitungszeit: 20 min
Portionen: 2
Schwierigkeit: leicht

Zutaten:

- 100 g Karotten
- 100 g Staudensellerie
- 150 g rote Paprika
- 150 g grüne Paprika
- 150 g Salatgurke
- 100 g Zucchini
- 150 g Kirschtomaten

Zubereitung:

1. Salatgurke waschen und in Scheiben schneiden.

2. Rote und grüne Paprika waschen, Kerne entfernen und in stabile Streifen schneiden.

3. Kirschtomaten waschen und Stiele entfernen.

4. Staudensellerie, Zucchini und Karotten waschen und in fünf cm lange Stifte schneiden.

5. Gemüse auf einer Servierplatte arrangieren und mit verschiedenen Dips servieren.

Tipp: Rohkost mit Dip eignet sich vor allem im Sommer auch für ein gesundes Mittagessen im Büro und sind für Kinder ein optimaler Vitaminlieferant für lange Schultage. Als Partyeinstieg sind sie immer ein Gewinn.

50. Bratkartoffeln

Kalorien: 314 kcal | Fett: 7,4 g | Kohlenhydrate: 51,4 g | Eiweiß: 6,1 g

Zubereitungszeit: **25 min, 20 min Vorkochzeit**
Portionen: **4**
Schwierigkeit: **leicht**

Zutaten:

- 1 kg festkochende Kartoffeln
- 190 g Zwiebeln
- 2 Knoblauchzehen
- 3 EL Bratöl
- 1 EL Kümmel
- 1 EL Thymian
- Salz und Pfeffer nach Geschmack

Zubereitung:

1. Die Kartoffeln waschen und mit der Schale bissfest kochen. Dies sollte nicht länger als 15 Minuten dauern.

2. Abtropfen lassen und in Scheiben schneiden.

3. Das Öl in einer gusseisernen Pfanne erhitzen und die Kartoffelscheiben für etwa drei Minuten auf jeder Seite anbraten lassen.

4. Zwiebeln und Knoblauch inzwischen schälen und klein hacken, danach mit dem Thymian in die Pfanne dazugeben und immer wieder vorsichtig wenden.

5. Den Kümmel darüber geben, salzen und pfeffern, danach so lange weiterbraten bis die Kartoffelscheiben rundherum goldbraun gebraten sind.

Tipp: Je kleiner die Kartoffeln, desto schneller werden sie gar. Zudem können Sie diese auch schon am Vortag nebenher kochen und am nächsten Abend nur mehr in Scheiben schneiden und braten.

51. Gemüsechips mit Dip

Kalorien: 234 kcal | Fett: 5,4 g | Kohlenhydrate: 31,9 g | Eiweiß: 12,6 g

Zubereitungszeit: 25 min
Portionen: 1
Schwierigkeit: leicht

Zutaten:

- 50 g Rote Beete
- 50 g Pastinake
- 50 g Topinambur
- 1 TL Kokosöl
- 1 EL Magerquark
- 1 TL Tomatenmark
- Salz und Pfeffer nach Geschmack

Zubereitung:

1. Die Rote Beete mit Handschuhen waschen, schälen und in dünne Scheiben hobeln.

2. Das Backrohr auf 180 Grad Umluft vorheizen.

3. Die Topinambur und die Pastinake ebenfalls waschen und hobeln.

4. Ein Backblech mit Backpapier belegen und mit dem Öl einpinseln.

5. Das Gemüse darauf locker verteilen und auf der mittleren Schiene für zehn Minuten backen.

6. Inzwischen den Magerquark mit dem Tomatenmark mischen und mit Salz und Pfeffer abschmecken.

Tipp: Auch Karotten, Süßkartoffeln und Sellerie eigenen sich zur Produktion von Gemüsechips.

52. Chicorée Schiffchen

Kalorien: 252 kcal | Fett: 17,8 g | Kohlenhydrate: 12,9 g | Eiweiß: 9,2 g

Zubereitungszeit: **20 min**
Portionen: **2**
Schwierigkeit: **leicht**

Zutaten:

- 2 Chicorée
- 2 EL Haselnusskerne, gehobelt
- 2 EL getrocknete Cranberries
- 150 g Ziegenfrischkäse
- 4 Halme Schnittlauch
- Salz und Pfeffer nach Geschmack

Zubereitung:

1. Die Haselnusskerne in einer Pfanne ohne Fett goldbraun rösten und abkühlen lassen.

2. Den Schnittlauch waschen und in Röllchen schneiden.

3. Den Ziegenfrischkäse glattrühren und mit den Haselnüssen, den Cranberries und dem Schnittlauch unter den Frischkäse mischen. Mit Salz und Pfeffer abschmecken.

4. Chicorée in einzelne Blätter teilen und gegebenenfalls waschen.

5. Den Ziegenfrischkäse mit einem Teelöffel in die Chicorée Blätter füllen und auf einer Servierplatte arrangieren.

6. Eventuell noch mit weiteren Schnittlauchröllchen und ein paar übrigen Cranberries dekorieren.

Tipp: Als Füllung für diese Schiffchen können Sie auch Hummus, reinen Kräuterfrischkäse, Pesto oder frische Salsa verwenden.

53. Spinat Quesadilla

Kalorien: 419 kcal | Fett: 27,1 g | Kohlenhydrate: 27,6 g | Eiweiß: 16,4 g

Zubereitungszeit: 25 min
Portionen: 4
Schwierigkeit: leicht

Zutaten:

- 4 Tortilla Wrap Fladen
- 150 g Cheddar
- 250 g Babyspinat
- 3 Zwiebeln
- 1 Knoblauchzehe
- 3 EL Olivenöl
- Salz, Pfeffer und Chiliflocken nach Geschmack

Zubereitung:

1. Den Käse in kleine Würfel schneiden.

2. Den Spinat waschen und soweit wie möglich trockenschleudern.

3. Die Zwiebel und den Knoblauch schälen und fein hacken.

4. Das Öl in einer Pfanne erhitzen und zuerst die Zwiebel mit dem Knoblauch glasig dünsten.

5. Den Spinat in die Pfanne dazugeben, die Hitze reduzieren und warten, bis der Spinat zusammengefallen ist. Dann mit Salz, Pfeffer und Chiliflocken nach Geschmack würzen.

6. Eine weitere Pfanne auf mittlerer Stufe erhitzen und einen Tortilla Fladen hineingeben. Darauf die Hälfte der Spinatmischung und der Käsewürfel verteilen.

7. Mit einer weiteren Flade bedecken, leicht andrücken und für eine Minute anrösten. Wenden und die zweite Seite für zwei Minuten rösten.

8. Der Käse sollte nun geschmolzen sein und die Quesadilla kann auf einen Teller gleiten.

9. Den Vorgang mit den beiden weiteren Fladen und der restlichen Füllung, sowie dem Käse wiederholen. Dann in Viertel teilen und servieren.

54. Polenta Sticks

Kalorien: 286 kcal | Fett: 18,1 g | Kohlenhydrate: 22,4 g | Eiweiß: 7,8 g

Zubereitungszeit: 30 min, 1 Nacht Kühlzeit
Portionen: 6
Schwierigkeit: leicht

Zutaten:
- 150 g Polenta
- 500 ml Milch (1,5 % Fett)
- 30 g Butter
- 50 g geriebener Parmesan
- 4 EL Rapsöl
- Salz, Pfeffer und Muskatnuss nach Geschmack

Zubereitung:
1. Am Vorabend die Milch in einem Topf mit Salz, Pfeffer und Muskatnuss aufkochen und die Polenta unter ständigem Rühren einstreuen.

2. Die Hitze reduzieren und für fünf Minuten weiterköcheln lassen, dabei auch immer weiter rühren.

3. Den Parmesan unterrühren und die Masse vom Herd nehmen.

4. In einer gefetteten Auflaufform die Masse einfüllen und glattstreichen, damit über Nacht in den Kühlschrank stellen.

5. Am nächsten Tag die Polenta aus der Form auf ein Brett stürzen und in Sticks schneiden.

6. Das Rapsöl in einer Pfanne erhitzen und die Polenta Sticks bei mittlerer Hitze goldbraun ausbacken. Auf einem Küchenpapier abtropfen lassen.

7. Auf einer Servierplatte arrangieren und mit grobem Meersalz bestreut servieren.

Tipp: Diese Sticks sind hervorragende Begleiter zu Currys und Gemüseeintöpfen. Sie können kalt gegessen werden und im Büro als Begleiter zu Salaten dienen.

55. Crostini

Kalorien: 142 kcal | Fett: 9,8 g | Kohlenhydrate: 9,7 g | Eiweiß: 2,9 g

Zubereitungszeit: 20 min
Portionen: 12
Schwierigkeit: leicht

Zutaten:

- 12 Scheiben Baguette
- 6 EL Kokosöl
- 250 g Kirschtomaten
- 180 g schwarze Olivenpaste
- 4 EL gehobelter Hartkäse
- 1 TL Zucker
- Grobes Meersalz

Zubereitung:

1. Den Backofen auf 200 Grad Umluft vorheizen.

2. Die Baguettescheiben mit drei Esslöffel Kokosöl bestreichen und auf das Backgitter legen. Auf der mittleren Schiene für etwa fünf Minuten rösten.

3. Drei Esslöffel Kokosöl in einer Pfanne erhitzen und die Kirschtomaten darin schwenken, dabei mit dem Zucker bestreuen und leicht karamellisieren.

4. Die gerösteten Scheiben Brot mit der Olivenpaste bestreichen und mit den Tomaten belegen.

5. Mit dem gehobelten Hartkäse und dem groben Meersalz überziehen und auf einer Platte arrangieren.

Tipp: Crostini werden mit allen möglichen Cremes und Gemüsesorten belegt und als solche bei Partys serviert. Sie können auch kalt gegessen werden und eigenen sich als Pausenbrot ebenso wie klassische Schnittchen.

56. Parmesan Cracker

Kalorien: 399 kcal | Fett: 30,7 g | Kohlenhydrate: 0,1 g | Eiweiß: 30,8 g

Zubereitungszeit: **20 min**
Portionen: **1**
Schwierigkeit: **mittel**

Zutaten:
- 100 g Parmesan
- Chiliflocken

Zubereitung:

1. Den Backofen auf 200 Grad Ober- und Unterhitze vorheizen.

2. Den Parmesan frisch und fein hobeln.

3. Parmesanspäne und Chiliflocken mischen.

4. Backblech mit Backpapier belegen und mit großem Abstand und einem Esslöffel den Parmesan auf das Blech setzen. Dabei den Parmesan flach drücken.

5. Auf der unteren Schiene für gut acht Minuten goldbraun backen. Gegebenenfalls den Vorgang mit dem restlichen Parmesan wiederholen.

Tipp: Diese Cracker sind nicht nur für sich allein ein Genuss, sondern verfeinern auch Cremesuppen, Crostini und machen sich gut als Crunch auf Rohkostplatten.

57. Süßkartoffel-Toast

Kalorien: 400 kcal | Fett: 18 g | Kohlenhydrate: 48 g | Eiweiß: 5 g

Zubereitungszeit: **20 min**
Portionen: **2**
Schwierigkeit: **leicht**

Zutaten:

- 2 große Süßkartoffeln
- 1 Avocado
- 3 TL frisch gehackte Kräuter
- Salz und Pfeffer nach Geschmack

Zubereitung:

1. Die Süßkartoffeln waschen, gegebenenfalls schälen und in fünf mm dicke Scheiben schneiden.

2. Für bis zu drei Runden auf höchster Stufe in den Toaster stecken und toasten.

3. Inzwischen die Avocado halbieren, den Stein entfernen und schälen. Danach in Scheiben schneiden.

4. Den Kartoffeltoast mit den Avocado Scheiben belegen und mit den frischen Kräutern bestreuen, sowie leicht salzen und pfeffern.

Tipp: Wenn Sie keinen Toaster haben, dann heizen Sie Ihr Backrohr auf 200 Grad Ober- und Unterhitze vor und backen Sie die Süßkartoffelscheiben für gut zehn Minuten auf der mittleren Schiene auf dem Rost, nicht auf dem Blech.

Der Toast kann belegt werden, wie jedes getoastete Brot auch.

58. Club Sandwich

Kalorien: 458 kcal | Fett: 21,9 g | Kohlenhydrate: 44,2 g | Eiweiß: 17,2 g

Zubereitungszeit: 30 min
Portionen: 2
Schwierigkeit: leicht

Zutaten:

- 6 Scheiben Vollkorntoast
- 75 g Ziegenfrischkäse
- 1 EL Pesto nach Wahl
- 1 rote Paprika
- 1 kleine Zucchini
- 4 Champignons
- 1 Fleischtomate
- 4 Blätter Kopfsalat
- 2 EL Kokosöl
- Etwas Kresse
- Salz und Pfeffer nach Geschmack

Zubereitung:

1. Paprika waschen, vierteln und entkernen.

2. Zucchini waschen, halbieren und dann Längsstreifen schneiden.

3. Öl in einer Grillpfanne erhitzen und die Paprikastücke für etwa drei, die Zucchinistreifen für nur zwei Minuten beidseitig anbraten.

4. Champignons putzen und in dünne Scheiben schneiden.

5. Tomate waschen und in dünne Scheiben schneiden.

6. Salatblätter waschen und trockenschleudern und die Kresse abschneiden.

7. Toastscheiben leicht toasten.

8. Pesto und Ziegenfrischkäse mischen und auf alle Toastscheiben verteilt aufstreichen.

9. Jeweils zwei Toastscheiben gleich belegen mit Champignons, Tomaten und Blattsalat, zwei weitere mit dem gegrillten Gemüse und der Kresse. Zu einem Turm zusammenbauen und mit der letzten Toastscheibe, die bestrichene Seite nach unten, bedecken. Mit zwei Holzspießen fixieren und anrichten.

59. Überbackene Feigen

Kalorien: 414 kcal | Fett: 20,5 g | Kohlenhydrate: 42,4 g | Eiweiß: 10,1 g

Zubereitungszeit: **25 min**
Portionen: **2**
Schwierigkeit: **mittel**

Zutaten:

- 6 frische Feigen
- 100 g körniger Frischkäse
- 1 kleiner Römersalat
- 1 EL Pistazienkerne
- 1 EL Weißweinessig
- 2 EL Rapsöl
- Frisches Basilikum, Salz und Pfeffer nach Geschmack

Zubereitung:

1. Pistazienkerne grob hacken und in einer Pfanne ohne Öl leicht rösten.

2. Backofen auf 180 Grad Umluft vorheizen.

3. Basilikum waschen, trockenen und fein hacken.

4. Feigen waschen, trocknen und den Deckel abschneiden, danach das Fruchtfleisch vorsichtig mit einem Teelöffel herausholen und in eine Schüssel geben.

5. Basilikum, Pistazien, Frischkäse und etwas Salz und Pfeffer zum Fruchtfleisch dazu mischen und die Feigen damit wieder befüllen.

6. Die Feigen in eine Auflaufform setzen und für gut zehn Minuten auf der mittleren Schiene backen.

7. Inzwischen den Salat waschen und in mundgerechte Stücke zupfen. Mit Essig und Öl marinieren und mit Salz und Pfeffer abschmecken. Dann auf Tellern anrichten und mit den überbackenen Feigen servieren.

Tipp: Mit frischem Ingwer und Koriander, anstatt Pistazien und Basilikum, bekommen Ihre Feigen einen frischen, leicht-asiatischen Hauch.

60. Grilled Sandwich

Kalorien: 328 kcal | Fett: 19,4 g | Kohlenhydrate: 23,4 g | Eiweiß: 13,9 g

Zubereitungszeit: **15 min**
Portionen: **2**
Schwierigkeit: **leicht**

Zutaten:

- 4 Scheiben Vollkorn Toast
- 80 g geriebener Mozzarella
- 30 g Blattspinat
- ½ Avocado
- 1 Knoblauchzehe
- 1 EL Olivenöl
- Salz, Pfeffer und frisch gehackte Kräuter nach Geschmack

Zubereitung:

1. Den Spinat waschen und trockenschleudern.

2. Die halbe Avocado in Scheiben schneiden.

3. Kräuter nach Geschmack fein hacken.

4. Zwei Scheiben Brot mit jeweils der Hälfte des Spinates, des Mozzarellas und den Avocado Scheiben belegen. Die zweite Toastscheibe auflegen und gut zusammendrücken.

5. Die Knoblauchzehe schälen und halbieren und damit eine Pfanne ausreiben.

6. Das Öl in dieser Pfanne erhitzen und die Sandwiches bei mittlerer Hitze auf beiden Seiten goldbraun backen.

Tipp: Lassen Sie Ihrer Fantasie freien Lauf, was Sie gerne zusätzlich zum Mozzarella in Ihrem Grilled Sandwich haben möchten. Auch Cheddar eignet sich perfekt, um eine weitere Geschmacksnuance zuzufügen.

Desserts

Ob Creme oder Eis, für viele ist ein gutes Essen erst dann zu Ende, wenn ein süßer Abschluss Teil des Vergnügens war. Ideen aus unseren Dessertvariationen können Sie für süße schnelle Energie Kicks verwenden und sind zum Teil perfekt vorzubereiten, um nicht die Party zu versäumen während Sie in der Küche stehen und die leckeren Verführungen zaubern. Leicht und luftig für den lauen Sommerabend oder als süße Jause mitgenommen in Schule und Büro heben sie nicht nur die Laune, sondern auch Ihren Energielevel wieder an. Pralinen selbstgemacht, geeignet ebenso als Geschenk für den Gastgeber der nächsten Feierlichkeit, vorausgesetzt Sie produzieren mehr davon und naschen nicht schon während der Fertigung. Zurückhaltung kann hier oftmals schwerfallen.

61. Holunderblüten gebacken

Kalorien: 118 kcal | Fett: 3,9 g | Kohlenhydrate: 18 g | Eiweiß: 2,1 g

Zubereitungszeit: **20 min**
Portionen: **4**
Schwierigkeit: **leicht**

Zutaten:

- 4 Holunderblütendolden
- 45 g Dinkelmehl
- 2 EL Speisestärke
- ½ TL Vanillepulver
- 1 Ei
- 60 ml Wasser mit Kohlensäure
- 1 Prise Salz
- 250 ml Olivenöl
- 1 TL Puderzucker zum Bestreuen

Zubereitung:

1. Die Holunderblüten gut ausschütteln, damit eventuelle Verunreinigungen abfallen können.

2. Mehl und Stärke in eine Schüssel sieben, das Vanillepulver und etwas Salz zufügen und mit dem Ei und 40 ml Kohlesäure Wasser vermischen, bis ein cremiger, nicht zu dünner Teig entsteht.

3. Das Öl in einem Topf soweit erhitzen, dass es Blasen wirft, wenn der Stil eines Holzlöffels hineingehalten wird.

4. Den Teig nochmal durchrühren bevor die Holunderblüten am Stielende gehalten durch den Teig gezogen werden.

5. Sofort im Öl für etwa drei Minuten herausbacken oder bis sie leicht goldbraun werden.

6. Auf Küchenkrepp abtropfen und mit Puderzucker bestäubt servieren.

Tipp: Geben Sie das Wasser nach und nach in den Teig. Dieser muss an den feinen Blüten haften, soll sie aber nicht zerdrücken. Kombinieren Sie Ihre gebackenen Holunderblüten mit einer Dekoration aus Minze- und Basilikumblättern.

62. Kokos-Grieß-Creme

Kalorien: 300 kcal | Fett: 20,7 g | Kohlenhydrate: 24,8 g | Eiweiß: 3,5 g

Zubereitungszeit: 30 min
Portionen: 4
Schwierigkeit: leicht

Zutaten:

- 400 ml Kokosmilch
- 30 g Weichweizengrieß
- 1 Prise Salz
- 30 g Sesamkrokant
- 30 g Zartbitterschokolade
- 200 ml Schlagsahne (30 % Fett)

Zubereitung:

1. Die Kokosmilch mit dem Salz in einem Topf aufkochen lassen und den Grieß einrühren. Unter ständigem Rühren für eine gute Minute bei mittlerer Hitze weiterköcheln.

2. In eine Schüssel umfüllen und abkühlen lassen.

3. Inzwischen den Sesamkrokant und die Schokolade hacken.

4. Die Sahne steif schlagen und die Hälfte unter den kalten Grießbrei rühren. Die zweite Hälfte der Sahne nur mehr leicht unterheben.

5. Die Sahne-Grieß-Masse in Schalen umfüllen und mit Schokolade und Krokant bestreuen.

Tipp: Auch ein schnelles Beerenkompott oder Karamellsauce eignen sich als Topping für die Grieß-Creme.

63. Mousse au Chocolat

Kalorien: 385 kcal | Fett: 26,9 g | Kohlenhydrate: 20,8 g | Eiweiß: 11,5 g

Zubereitungszeit: **10 min**
Portionen: **2**
Schwierigkeit: **leicht**

Zutaten:
- 200 g Seidentofu
- 100 g Schlagsahne (30 % Fett)
- 50 g Kakaopulver
- 20 g Margarine
- 4 EL Yacon-Sirup

Zubereitung:

1. Den Tofu mit der Margarine, dem Kakao und dem Yacon-Sirup in einem Mixer zu einer cremigen Masse verarbeiten.

2. Die Sahne steif schlagen und auf zwei Gläser verteilen.

3. Die Gläser mit der Mousse auffüllen und für fünf Minuten in den Tiefkühler stellen.

4. Die gekühlte Creme mit Früchten nach Wahl dekorieren und eisgekühlt genießen.

Tipp: Da sich die Creme im Kühlschrank für einige Tage hält, kann sie sehr gut für eine Party als Dessert vorbereitet werden. Die Früchtedekoration immer frisch darauf geben.

64. Ananas-Kokos-Creme

Kalorien: 861 kcal | Fett: 53 g | Kohlenhydrate: 79,8 g | Eiweiß: 5,8 g

Zubereitungszeit: 25 min
Portionen: 1
Schwierigkeit: leicht

Zutaten:

- 1 Ananas
- 2 EL Rapsöl
- 2 EL Kokosnuss-Creme
- 1 Orange
- Cashew-Kerne nach Geschmack
- Kokosflocken nach Geschmack

Zubereitung:

1. Die Ananas schälen und fünf etwa fingerdicke Scheiben herausschneiden. Den Strunk daraus entfernen.

2. Drei der Scheiben klein schneiden und in den Mixer geben. Die Orange auspressen und den Saft hinzufügen.

3. Rapsöl und Kokoscreme im Wasserbad schmelzen und in den Mixer geben. Zu einer feinen Creme pürieren.

4. Die restlichen zwei Scheiben in kleine Würfel schneiden.

5. Creme in ein Dessertglas füllen und mit den Ananaswürfel, Cashew-Kernen und Kokosflocken dekorieren.

Tipp: Diese Creme funktioniert ebenfalls sehr gut mit einer Mango und kann mit dem Mark einer Vanilleschote oder einer Prise Zimt noch geschmacklich verbessert werden.

65. Banane-Eierlikör-Tiramisu

Kalorien: 642 kcal | Fett: 33,7 g | Kohlenhydrate: 63,1 g | Eiweiß: 14,7 g

Zubereitungszeit: **20 min**
Portionen: **2**
Schwierigkeit: **leicht**

Zutaten:

- 400 g griechischer Joghurt (10 % Fett)
- 1 ½ EL löslicher Espresso
- 1 TL Puderzucker
- 100 g Schoko-Cookies
- 1 reife Banane
- 4 EL Eierlikör
- 1 EL Kakaopulver

Zubereitung:

1. Puderzucker und löslichen Espresso mit dem Joghurt gut verrühren.

2. Die Banane schälen und in Scheiben schneiden.

3. Die Cookies in einer Schüssel mit den Fingern zerbröseln.

4. In zwei vorbereitete Dessertschalen je drei bis vier Esslöffel Joghurt-Creme füllen und jeweils die Hälfte der Cookie-Brösel darüberstreuen.

5. Noch einmal mit drei weiteren Löffeln Joghurt bedecken und die Bananenscheiben darüberlegen.

6. Den Eierlikör je zur Hälfte über die Bananen träufeln und mit dem Rest der Joghurt-Creme bedecken.

7. Zum Schluss das Kakaopulver darüber sieben.

Tipp: Zwei Bananenscheiben und jeweils eine Kaffeebohne machen sich gut als Dekoration.

66. Cashew Ice

Kalorien: 112 kcal | Fett: 3,4 g | Kohlenhydrate: 16,7 g | Eiweiß: 8,5 g

Zubereitungszeit: 5 min
Portionen: 4
Schwierigkeit: leicht

Zutaten:

- 2 Bananen
- 2 EL Cashew-Mus
- 3 EL Sahnejoghurt
- 1 TL gehackte Nüsse nach Geschmack

Zubereitung:

1. Die Bananen schälen und in Scheiben schneiden. Auf ein Blech auflegen und für vier Stunden frieren lassen.

2. Die Bananen aus dem Gefrierschrank holen und in den Mixer geben.

3. Cashew-Mus und Joghurt mit in den Mixer füllen und auf höchster Stufe zu einer cremigen Eismasse pürieren.

4. Mit einem Portionierer Kugeln formen und auf vier Dessertgläser verteilen.

5. Mit gehackten Nüssen nach Wahl dekorieren und sofort servieren.

Tipp: Wer Mandeln bevorzugt kann auch mit Mandelmus arbeiten oder einem anderen Nuss-Mus und eine der Bananen gegen eine andere Obstsorte austauschen. Achten Sie darauf, dass es sich um eine eher cremige Fruchtsorte handelt wie beispielsweise Mango, Papaya oder sehr reife Birnen.

67. Zimtcreme

Kalorien: 318 kcal | Fett: 15,1 g | Kohlenhydrate: 37,4 g | Eiweiß: 6,1 g

Zubereitungszeit: **20 min**
Portionen: **2**
Schwierigkeit: **leicht**

Zutaten:

- 75 g getrocknete Datteln
- 150 ml Orangensaft
- 1 TL Orangenschale
- 1 Msp. Zimt
- 50 g Doppelrahmfrischkäse
- 150 g Sahnejoghurt
- 1 TL Pistazien

Zubereitung:

1. Die Datteln halbieren, Steine entfernen und klein würfeln.

2. Die Orange heiß waschen, trockenreiben und einen Teelöffel der Schale abreiben.

3. Den Orangensaft mit dem Zimt und der Orangenschale in einem Topf aufkochen. Die Datteln dazugeben und die Hitze reduzieren. Für etwa eine Minute köcheln lassen.

4. Den Frischkäse in einer Schüssel, mit dem Handmixer cremig rühren und nach und nach den Joghurt dazugeben.

5. Die Pistazien hacken.

6. Das warme Dattelkompott in die vorbereiteten Dessertschalen füllen den Joghurt daraufsetzen. Mit den gehackten Pistazienkernen dekorieren.

Tipp: Die Creme mit dem Kompott schmeckt auch kalt und kann im Kühlschrank aufbewahrt werden bis es soweit ist, das Dessert zu servieren.

68. Carob-Mandel-Pudding

Kalorien: 466 kcal | Fett: 37 g | Kohlenhydrate: 15 g | Eiweiß: 14 g

Zubereitungszeit: 20 min
Portionen: 13
Schwierigkeit: leicht

Zutaten:

- 350 ml Mandelmilch
- 100 g Mandel-Mus
- 4 EL Carob-Pulver
- 2 EL Yacon-Sirup
- 2 TL Maisstärke
- 1 EL Mandeln, gehobelt

Zubereitung:

1. Mandelmilch, Mandelmuss und Yacon-Sirup in einem Topf gut verquirlen und langsam aufwärmen.

2. Das Carob-Pulver unter ständigem Rühren dazugeben.

3. Die Maisstärke mit zwei Esslöffel Wasser anrühren und ebenfalls in die Carob-Mandel-Milch dazu rühren.

4. Weiterrühren bis die Milch beginnt einzudicken.

5. Die Mandeln in einer fettfreien Pfanne kurz anrösten, nicht zu dunkel werden lassen, sonst heben sie sich nicht mehr vom Pudding ab.

6. Den Carob-Mandel-Pudding auf drei Dessertgläser verteilen und mit den Mandeln dekorieren.

Tipp: Der Pudding funktioniert mit jeder Muss-Milch-Variante und kann so immer wieder einfach abgewandelt werden. Restgläser schmecken mit ein oder zwei Esslöffel Knuspermüsli auch noch am frühen Morgen.

69. Avocado-Eis mit Minze

Kalorien: 357 kcal | Fett: 27,7 g | Kohlenhydrate: 17 g | Eiweiß: 4,4 g

Zubereitungszeit: 15 min, 2 Stunden Kühlzeit
Portionen: 6
Schwierigkeit: leicht

Zutaten:

- 200 ml Kokos-Sahne
- 3 Avocados
- 10 g Minze
- 1 Zitrone
- 3 EL Agavendicksaft
- 100 g Schoko-Drops aus Zartbitterschokolade

Zubereitung:

1. Die Kokossahne mit dem Handmixer schaumig schlagen und danach in eine Auflaufform füllen.

2. Die Avocados halbieren, die Kerne entfernen und das Fruchtfleisch herauslösen.

3. Die Zitrone auspressen und die Blättchen von der Minze zupfen.

4. In einem Mixer das Avocado-Fruchtfleisch, den Zitronensaft, die Minze und den Agavendicksaft zu einer cremigen Masse pürieren.

5. Die Avocado-Creme über die Kokossahne in die Auflaufform geben und mit den Schoko-Drops bestreuen.

6. Mit einem Suppenlöffel die beiden Cremes vorsichtig vermengen und die Schoko-Drops unterheben. Die Oberfläche glattstreichen und für zwei Stunden in das Gefrierfach stellen.

Tipp: Wenn Sie nur sehr wenig rühren, haben sie hinterher eine schön grün-weiß marmorierte Eisschnitte. Dann sollten Sie die Masse aus der Auflaufform stürzen und im Ganzen auf den Tisch bringen, um sie erst dort anzuschneiden und zu servieren.

70. Papaya-Minze-Carpaccio

Kalorien: 144 kcal | Fett: 1,4 g | Kohlenhydrate: 24,3 g | Eiweiß: 3,5 g

Zubereitungszeit: 20 min
Portionen: 1
Schwierigkeit: mittel

Zutaten:

- 1 Papaya
- ½ Limette
- 8 große Blätter Minze
- 3 Cashew-Kerne

Zubereitung:

1. Die Papaya vorsichtig schälen und mit einem Hobel feine Scheiben hobeln bis Sie zu den Kernen gelangen.

2. Die Papaya wenden und die andere Seite abhobeln.

3. Die Limette heiß abspülen und trockenreiben, danach mit einem Schäler oder Zestenreißer feine Streifen aus der Schale ziehen.

4. Die Hälfte der Limette auspressen und den Saft über die Papaya Scheiben träufeln.

5. Die Papaya Scheiben nun abwechselnd mit den Minze Blättern auf einem Teller arrangieren und eventuell noch einmal Limettensaft und die Limetten Zesten darüber streuen.

6. Die Cashew-Kerne hacken und zur Dekoration über den angerichteten Teller streuen.

Tipp: Den Rest der Papaya am nächsten Morgen würfeln und in das Frühstücksmüsli mischen.

Versuchen Sie dieses Rezept anstelle der Minze auch einmal mit Basilikum.

71. Aprikosencreme

Kalorien: 337 kcal | Fett: 8,1 g | Kohlenhydrate: 45,9 g | Eiweiß: 9,7 g

Zubereitungszeit: **10 min, 1 Nacht Einweichzeit**
Portionen: **2**
Schwierigkeit: **leicht**

Zutaten:

- 100 g getrocknete Aprikosen
- 200 ml Wasser
- 200 ml Milch (1,5 % Fett)
- 2 Orangen
- 2 EL Mandelmus
- 1 Prise Muskatnuss

Zubereitung:

1. Am Vorabend die Orangen auspressen und die getrockneten Aprikosen darin über Nacht einweichen.

2. Am nächsten Tag die eingeweichten Aprikosen mit dem restlichen Orangensaft, dem Wasser, der Milch und dem Mandelmus im Mixer zu einer feinen Creme pürieren und mit Muskatnuss abschmecken.

3. Die Creme auf zwei Dessertschalen verteilen und sofort servieren.

Tipp: Wenn gerade Aprikosensaison ist, dann können Sie die Creme mit einer halben, frischen Aprikose oder Aprikosenvierteln dekorieren. Fettfrei geröstete und gehackte Nüsse sind immer eine gute Idee für mehr Crunch und eine gelungene Dekoration.

72. Mango-Keks-Creme

Kalorien: 329 kcal | Fett: 26,4 g | Kohlenhydrate: 18 g | Eiweiß: 4 g

Zubereitungszeit: 15 min
Portionen: 4
Schwierigkeit: leicht

Zutaten:

- 200 g Mango
- 50 g Oreo Kekse
- 150 g Sahnejoghurt (10 % Fett)
- 1 ½ EL Zucker
- 250 ml Schlagsahne (30 % Fett)

Zubereitung:

1. Die Mango schälen, den Kern entfernen und etwa 200 g Fruchtfleisch davon abwiegen. Dieses Fruchtfleisch klein würfeln.

2. Die Kekse klein hacken oder mit den Händen zerbröseln.

3. Den Joghurt mit dem Zucker glattrühren.

4. Die Schlagsahne steif schlagen und unter die Joghurt-Creme heben.

5. Vier Dessertgläser vorbereiten und die Creme mit den Bröseln der Kekse und den Mango Würfeln in Schichten einfüllen.

6. Die letzte Schicht soll wieder Kekse oder Fruchtstücke sein, so dass Sie keine weitere Dekoration benötigen.

Tipp: Dieses wandlungsfähige Rezept eignet sich für viele Obstsorten und jeglichen Joghurt, auch die Kekse können nach Geschmack variieren.
Wird die Joghurt-Sahne-Creme für eine Stunde in das Gefrierfach gestellt bekommt es eine Parfait-Konsistenz und kann wie Eis behandelt werden.

73. Überbackene Pfirsiche

Kalorien: 349 kcal | Fett: 24 g | Kohlenhydrate: 18,9 g | Eiweiß: 10,6 g

Zubereitungszeit: **30 min**
Portionen: **2**
Schwierigkeit: **mittel**

Zutaten:

- 2 Pfirsiche
- 2 TL brauner Zucker
- 2 EL Pfirsichlikör
- 4 TL Pistazien-Basilikum-Pesto (siehe Rezept Nr. 136)
- 150 g griechischer Joghurt

Zubereitung:

1. Den Backofen auf Umluft 180 Grad vorheizen.

2. Die Pfirsiche halbieren und die Steine entfernen. Danach auf ein Backblech mit Backpapier setzen und mit dem Zucker und dem Likör vorsichtig beträufeln.

3. Das Backpapier an den Ecken anheben und zusammendrehen, so dass ein Päckchen entsteht. Gegebenenfalls mit Küchenspagat zusammenbinden.

4. Die Pfirsichhälften nun für 15 Minuten in den Backofen schieben.

5. Inzwischen den Joghurt glattrühren und auf zwei Tellern als Spiegel anrichten.

6. Die Pfirsichhälften aus dem Backofen nehmen und je zwei auf den Joghurt-Spiegeln platzieren.

7. Mit dem Pesto befüllen und noch heiß servieren.

Tipp: Das Rezept für das Pesto finden Sie im Kapitel Auftische und Soßen. Sie können diese Idee mit Nektarinen, Aprikosen oder Äpfeln und Birnen ganz nach Ihren persönlichen Vorlieben in immer neuen Genuss verwandeln.

74. Schokoladenfrüchte

Kalorien: 495 kcal | Fett: 27,8 g | Kohlenhydrate: 50,2 g | Eiweiß: 6,5 g

Zubereitungszeit: 30 min
Portionen: 1
Schwierigkeit: leicht

Zutaten:

- 150 g Erdbeeren
- 40 g dunkle Kuvertüre
- 40 g helle Kuvertüre

Zubereitung:

1. Die Erdbeeren gründlich waschen, dabei aber die Stiele nicht entfernen. Trocken tupfen.

2. Die Kuvertüren jeweils über einem Wasserbad schmelzen und flüssig halten.

3. Ein Kuchengitter mit Backpapier oder Küchenkrepp darunter vorbereiten.

4. Die Erdbeeren vorsichtig am Stil nehmen und bis fast ganz oben erst in die dunkle Kuvertüre tauchen. Eine Minute warten oder die Erdbeere inzwischen auf das Gitter legen und sie nur mit der Spitze noch einmal in die weiße Kuvertüre tunken.

5. Sie können auch umgekehrt verfahren oder mit einem Löffel Muster über die Erdbeeren aus Kuvertüre ziehen. Lassen Sie Ihrer Fantasie freien Lauf.

Tipp: Hier sind zwar nur Erdbeeren genannt, aber Sie können alle Ihre Lieblingsfrüchte mit Schokolade überziehen. Beeren dabei am besten mit einem dünnen Spieß anstechen und eintauchen.
Die Früchte halten sich im Kühlschrank mehrere Tage und in einer netten Schachtel mit Seidenpapier eingeschlagen bereiten sie jedem Gastgeber eine Freude oder Sie überraschen Ihre Kollegen im Büro mit diesem Vitamin-Schokolade-Snack.

75. Nusskugeln

Kalorien: 56 kcal | Fett: 4 g | Kohlenhydrate: 3 g | Eiweiß: 1 g

Zubereitungszeit: **20 min**
Portionen: **20 Kugeln**
Schwierigkeit: **leicht**

Zutaten:

- 40 g Amaranth
- 70 g Cashew-Mus
- 70 g Haselnuss-Mus
- 40 g Yacon-Sirup
- 50 ml Wasser
- ½ TL Vanillepulver
- 1 Prise Salz

Zubereitung:

1. Den Amaranth in einem Topf mit Deckel, ohne Fett puffen. Dies sollte nicht länger als drei Minuten dauern, sobald der Topf heiß ist.

2. Den gepufften Amaranth mit den restlichen Zutaten in eine Schüssel geben und zu einer teigigen Masse verkneten.

3. 20 etwa walnussgroße Kugeln daraus formen und auf einen Teller legen.

4. Die Nusskugeln vor dem Servieren für zehn Minuten in das Gefrierfach stellen.

Tipp: Wenn Ihnen der Teig zu flüssig erscheint können Sie noch Kakaopulver zugeben oder weiteren gepufften Amaranth.
Sie können die Kugeln zum Abschluss noch in gehackten Nussmischungen rollen und so für mehr Crunch sorgen. Den Extra Kick Schokolade bringt ein Überzug aus dunkler Kuvertüre.
Vor allem überzogen mit Nusssplittern oder Schokolade sind diese Kugeln ein meisterliches Geschenk.

Brot/Brötchen

Zu Salaten, zum Mitnehmen in die Schule oder ins Büro gibt es kaum etwas, das mehr geschätzt wird als Brot oder Brötchen. Vom Ciabatta über Gewürzbrote bis hin zum Pausenbrötchen für hungrige Schüler finden Sie hier Rezepte, die ihre Zeit in Anspruch nehmen, denn gutes Brot ist nicht in zehn Minuten gebacken, sondern braucht Zeit zu gehen und zu ruhen. Für Eilige finden sich Ideen für Pfannenbrot und vor allem Scones und Quark Brötchen Varianten werden Ihre Kinder begeistern und die Diskussion um die Pausenverpflegung ein für alle Mal erledigen. Früchtebrot für die Teestunde und den Snack zwischendurch bietet sich hier ebenso an wie Ciabatta oder gefüllte Brotsorten als Ersatz für Industriebaguettes bei der nächsten Grillparty oder als Begleiter zu bunten Salaten für den sommerlichen Mittagssalat im Büro.

76. Tomaten-Ciabatta-Art

Kalorien: 248 kcal | Fett: 0,6 g | Kohlenhydrate: 29,9 g | Eiweiß: 4,6 g

Zubereitungszeit: 16 Stunden insgesamt, davon 1 Nacht Ruhezeit
Portionen: 20 Scheiben, Nährwert pro Scheibe
Schwierigkeit: leicht

Zutaten:

- 680 g Weizenmehl (Type 550)
- 100 g Weizenmehl (Type 405)
- ½ Würfel frische Hefe
- 100 g getrocknete Tomaten
- 15 g Salz

Zubereitung:

1. Am Vorabend 250 g des Mehl Type 550 in eine Schüssel sieben und in einer mittigen Mulde die Hefe hinein bröseln.

2. 500 ml lauwarmes Wasser dazugeben und mit dem Knethaken des Handmixers für gut drei Minuten kneten. Danach mit Folie abdecken und über Nacht bei Zimmertemperatur gehen lassen.

3. Am nächsten Tag die getrockneten Tomaten klein hacken.

4. Nun die Tomaten mit dem restlichen Mehl und dem Salz zum Teig geben und mit dem Handmixer soweit verkneten, dass ein formbarer Teig entsteht.

5. Die Arbeitsfläche bemehlen und den Teig aus der Schüssel nehmen. Für gut zehn Minuten mit den Händen weich und homogen kneten.

6. Noch einmal in einer zugedeckten Schüssel gehen lassen, bis sich das Volumen nahezu verdoppelt hat.

7. Danach auf der Arbeitsfläche in zwei ovale Laibe formen, gegebenenfalls noch einmal ordentlich durchkneten und auf das Backblech legen. Mit einem Küchentuch bedecken und noch einmal für gut 90 Minuten ruhen lassen.

8. Inzwischen den Backofen auf 225 Grad Ober- und Unterhitze vorheizen und die Brote auf der untersten Schiene für 20 Minuten backen, dabei eine Schale mit Wasser in den Ofen dazustellen, etwa 200 ml.

9. Die Hitze reduzieren auf 200 Grad und für gut 25 Minuten fertig backen.

77. Pfannenbrot mit Haferflocken

Kalorien: 353 kcal | Fett: 7,2 g | Kohlenhydrate: 59,1 g | Eiweiß: 12,9 g

Zubereitungszeit: 30 min
Portionen: 2
Schwierigkeit: leicht

Zutaten:

- 200 g zarte Haferflocken
- 1 TL italienische Kräuter getrocknet
- ½ TL Meersalz
- 1 TL Backpulver
- 250 ml Wasser
- 1 Prise Pfeffer
- 1 Prise Knoblauch gemahlen

Zubereitung:

1. Alle Zutaten in den Mixer geben und grob pürieren.

2. Die Masse etwa 20 Minuten ruhen lassen.

3. Danach eine Pfanne aufheizen, kein Fett zugeben.

4. Den Teig mit einem Suppenlöffel in die Pfanne setzen, flach drücken und die Hitze auf mittlere Stufe reduzieren.

5. Jede Seite des Fladens für drei bis vier Minuten backen.

Tipp: Passt nicht nur zum Frühstück, sondern kann auch in Schule oder Büro mitgenommen und für einen Tag auf Vorrat gebacken werden.

78. Pesto-Brot

Kalorien: 218 kcal | Fett: 14 g | Kohlenhydrate: 18 g | Eiweiß: 4 g

Zubereitungszeit: 45 min, 60 min Ruhezeit, 30 min Backzeit
Portionen: 1 Brotlaib, Nährwert pro Scheibe
Schwierigkeit: leicht

Zutaten:

- 10 g frische Hefe
- 250 g Weizenmehl
- ½ TL Salz
- 4 EL Kokosöl
- 50 g Basilikum
- 40 g geschälte Mandeln
- 2 Knoblauchzehen
- 120 ml Kokosöl
- 2 EL geriebener Parmesan
- Salz und Pfeffer nach Geschmack

Zubereitung:

1. Die Hefe mit 125 ml lauwarmem Wasser verrühren.

2. Mehl und Salz in der Rührschüssel mischen und die aufgelöste Hefe, sowie drei Esslöffel Kokosöl dazugeben und mit dem Knethacken in einen weichen, homogenen Teig verkneten. Abdecken und für gut 45 Minuten ruhen lassen.

3. Inzwischen die Füllung vorbereiten und damit das Basilikum waschen, trockenschleudern und fein hacken.

4. Die Mandeln in einer Pfanne ohne Fett anrösten.

5. Den Knoblauch schälen und grob schneiden, dann mit den Mandeln, dem Basilikum und etwas von den 120 ml Kokosöl in den Mixer geben und anfangen zu pürieren. Das restliche Öl langsam dazufügen bis eine feine Masse entsteht. Mit dem Parmesan, Salz und Pfeffer abschmecken.

6. Den Teig nun auf einer bemehlten Arbeitsfläche noch einmal gut durchkneten und zu einem Rechteck ausrollen.

7. Mit dem Pesto bestreichen und dabei einen Rand von etwa einem Centimeter lassen. Von der Seite her aufrollen und nochmal 15 Minuten Zeit zu ruhen geben. Inzwischen den Backofen auf 220 Grad vorheizen und darin für 30 Minuten goldbraun backen.

79. Körnerbrot

Kalorien: 2630 kcal | Fett: 184 g | Kohlenhydrate: 127 g | Eiweiß: 109 g

Zubereitungszeit: 30 min, 70 min Backzeit, 180 min Ruhezeit
Portionen: 1 Laib, Nährwert ganzes Brot
Schwierigkeit: leicht

Zutaten:

- 130 g Sonnenblumenkerne
- 90 g Haferflocken
- 60 g Kürbiskerne
- Je 40 g geschälte Hanfsamen und geschroteter Leinsamen, Walnusskerne
- Je 30 g Sesam und Mandeln
- Je 25 g Chiasamen und Flohsamenschalen gemahlen
- 20 g Traubenkernmehl
- 20 g Kokosöl
- 1 TL Salz
- 1 TL Yacon-Sirup

Zubereitung:

1. Die Mandeln grob hacken und dann mit den restlichen trockenen Zutaten in einer Schüssel mischen.

2. Den Yacon-Sirup, das Kokosöl und 400 ml Wasser dazugeben und kräftig durchrühren, danach mit den Händen gründlich kneten, damit die Kerne und Samen gut verteilt sind.

3. Den Teig in eine mit Backpapier ausgekleidete Kastenform drücken, glattstreichen und zugedeckt für drei Stunden ruhen lassen.

4. Den Backofen auf 170 Grad Ober- und Unterhitze vorheizen

5. Das Brot für 40 Minuten in der Kastenform backen und danach aus der Form stürzen und auf dem Backgitter noch einmal für 30 Minuten fertig backen.

Tipp: Das Brot vor dem Essen gut auskühlen lassen. Obwohl es sehr fest erscheint, ist es Innen weich durch das Fett der Kerne.

80. Focaccia

Kalorien: 591 kcal | Fett: 46 g | Kohlenhydrate: 11 g | Eiweiß: 46 g

Zubereitungszeit: 30 min, 30 min. Backzeit
Portionen: 6
Schwierigkeit: leicht

Zutaten:

- 160 g gemahlene Mandeln
- Je 80 g Sonnenblumenkerne und Sesamsamen
- 2 EL Leinsamen
- 2 TL Backpulver
- 300 g Hüttenkäse
- 40 g Butter
- 6 Eier
- 1 Glas schwarze Oliven ohne Steine
- 4 Zweige Rosmarin
- 3 EL Kokosöl
- Meersalz nach Geschmack

Zubereitung:

1. Den Backofen auf 170 Grad Ober- und Unterhitze vorheizen.

2. Die Kerne, die Samen und die gemahlenen Mandeln in der Küchenmaschine während dem Zerkleinern gut durchmischen. Danach das Backpulver untermischen.

3. Die Butter schmelzen und mit Hüttenkäse, Eiern und etwa einem Teelöffel Meersalz fein pürieren und unter die Mandel-Samen-Mischung rühren.

4. Das Backblech mit Backpapier auslegen und die Masse darauf glattstreichen.

5. Für gut zehn Minuten auf der mittleren Schiene in den Ofen stellen.

6. Inzwischen die Oliven abtropfen lassen und eventuell halbieren.

7. Die Nadeln von den Rosmarinzweigen zupfen und grob hacken.

8. Die Masse aus dem Ofen nehmen und die Oliven und den Rosmarin darauf verteilen, dabei leicht in den Teig drücken. Noch einmal für gut 20 Minuten fertig backen lassen.

9. Noch lauwarm das Kokosöl auf die Focaccia träufeln und nochmal mit grobem Meersalz bestreuen.

81. Quarkbrötchen

Kalorien: 158 kcal | Fett: 3 g | Kohlenhydrate: 26 g | Eiweiß: 5 g

Zubereitungszeit: 25 min, 15 min Backzeit
Portionen: 10
Schwierigkeit: leicht

Zutaten:

- 120 g getrocknete Datteln ohne Stein
- 250 g Weizenmehl, am besten Type 1050
- 1 ½ TL Backpulver
- ½ TL Zimt
- 1 Prise Salz
- 150 g Magerquark
- 3 EL Olivenöl

Zubereitung:

1. Etwa 80 ml Wasser aufkochen und die Datteln damit für fünf Minuten einweichen. Wenn das Wasser aufgesogen ist, mit dem Stabmixer grob pürieren.

2. In einer Rührschüssel das Mehl mit dem Backpulver, Zimt und der Prise Salz mischen. Das Dattelpüree, den Quark und das Öl hinzufügen und mit den Knethacken des Handmixer zu einem elastischen, formbaren Teig verarbeiten.

3. Den Backofen auf 160 Grad Umluft vorheizen.

4. Inzwischen ein Backblech mit Backpapier belegen und darauf zehn aus dem Teig geformte Kugeln platzieren.

5. Die Teigkugeln für gut 15 Minuten im Ofen goldbraun backen.

Tipp: Eignen sich perfekt für Kinder als Pausenbrot. Sie können pur verzehrt oder belegt werden. Gut machen sich auch mitgebackene Rosinen oder die getrockneten Lieblingsfrüchte der Kleinen. Dazu etwa zwei Esslöffel voll am Ende des Knetvorganges hinzufügen.

82. Haferbrot mit Walnüssen

Kalorien: 1360 kcal | Fett: 97 g | Kohlenhydrate: 55 g | Eiweiß: 23 g

Zubereitungszeit: 15 min, 30 min Ruhezeit, 75 min Backzeit
Portionen: 1 Kastenform, Nährwert für ganzes Brot
Schwierigkeit: leicht

Zutaten:

- 300 g Joghurt
- 150 g Haferflocken
- 140 g Sonnenblumenkerne
- 100 g Leinsamen
- 50 g Walnüsse
- 2 EL Chiasamen
- 20 g frische Hefe
- 3 EL Sonnenblumenöl
- 2 TL Salz
- Je 1 TL Yacon-Sirup und Kokosblütenzucker

Zubereitung:

1. Die Hefe mit dem Zucker vermischen und beiseitestellen.

2. 70 g der Sonnenblumenkerne, 30 g der Walnüsse und 80 g der Haferflocken fein mahlen. Den Rest der Walnüsse grob hacken.

3. Nun die trockenen Zutaten gemahlen, im Ganzen und gehackt in einer großen Schüssel durchmischen und die Hefe mit dem Joghurt dazu rühren. Das Sonnenblumenöl leicht anwärmen, die restlichen trockenen Zutaten ebenfalls dazugeben und einen zähflüssigen Teig rühren.

4. Den Backofen vorheizen auf 155 Grad Umluft.

5. Inzwischen den Teig abschmecken und gegebenenfalls noch Salz und Yacon-Sirup zufügen, dies transportiert später den Geschmack der Nüsse umso besser.

6. Den Teig nun in eine mit Backpapier ausgelegte Kastenform füllen und für 75 Minuten im Ofen backen.

Tipp: Körnerbrot ist immer saftig und hält sich bis zu einer Woche. Es kann auch geröstet und getoastet werden.

83. Karottenbrot

Kalorien: 185 kcal | Fett: 14 g | Kohlenhydrate: 3 g | Eiweiß: 8 g

Zubereitungszeit: 30 min, 75 min Backzeit
Portionen: 1 Kastenform, etwa 10 Scheiben
Schwierigkeit: leicht

Zutaten:

- 220 g Karotten
- 150 g gemahlene Mandeln
- 50 g geschroteter Leinsamen
- 30 g gemahlene Flohsamenschalen
- 1 TL gemahlener Koriander
- 2 TL Backpulver
- 4 Eier
- 2 TL Salz
- 2 EL Kokosöl

Zubereitung:

1. Den Backofen auf 160 Grad Umluft vorheizen und währenddessen die Karotten putzen und fein raspeln.

2. Ein Backblech mit Backpapier belegen und die Karottenraspel darauf verteilen. Für 20 Minuten im Ofen trocknen lassen.

3. Inzwischen die trockenen Komponenten in einer Rührschüssel mit dem Salz vermischen und vor dem Weiterarbeiten darauf warten, dass die Karottenraspeln etwas abgekühlt sind.

4. Dann mit dem Knethaken des Handmixers die Eier, Karottenraspel und das Kokosöl in die trockenen Zutaten mengen. Der Teig soll zäh sein, sonst noch etwas Kokosöl nachgeben.

5. Eine Kastenform mit Backpapier auslegen und den Teig einfüllen und glattstreichen.

6. Für eine Stunde auf der untersten Schiene backen und den Ofen ausschalten. Das Brot noch für 15 Minuten im abkühlenden, ausgeschalteten Ofen lassen.

7. Aus der Form stürzen und auf einem Brotbrett vollständig auskühlen.

Tipp: Schmeckt nicht nur mit pikanten, sondern auch mit süßen Aufstrichen wie Honig oder Ahornsirup.

84. Früchtebrot

Kalorien: 217 kcal | Fett: 14 g | Kohlenhydrate: 18 g | Eiweiß: 14 g

Zubereitungszeit:	30 min, 90 min Backzeit, 3 Tage Ruhe vor Verzehr
Portionen:	1 Kasten für etwa 15 Scheiben
Schwierigkeit:	leicht

Zutaten:

- Je 1 Apfel und 1 Birne
- 175 g Dinkelvollkornmehl
- 1 TL Backpulver
- Je ½ TL Zimt, Kardamom, Nelke und Piment gemahlen
- 1 TL Orangenschale
- 150 g geriebene Walnüsse
- Je 50 g Rosinen und Zuckerrübensirup
- 100 g Butter
- 3 Eier

Zubereitung:

1. Den Apfel und die Birne schälen, vierteln und die Kerngehäuse entfernen, danach in kleine Würfel schneiden.

2. Das Mehl mit dem Backpulver und den Gewürzen mischen und die Hälfte der Mischung unter die Obstwürfel mit den Walnüssen, der Orangenschale und die Rosinen mengen.

3. Den Backofen auf 130 Grad Umluft vorheizen.

4. Die Butter mit dem Zuckersirup cremig rühren und einzeln die Eier untermischen, danach die zweite Hälfte des Mehls unterheben.

5. Jetzt das Mehl mit den Früchten einarbeiten, so dass ein zähflüssiger Teig entsteht und die Früchte gut eingearbeitet sind.

6. Eine Kastenform mit Backpapier auslegen, den Teig einfüllen und für 45 Minuten backen.

7. Die Form mit Folie abdecken und noch einmal für 45 Minuten fertig backen.

8. Aus dem Ofen nehmen, stürzen und auskühlen lassen. Fest mit Alufolie einwickeln und erst nach drei Tagen anschneiden.

Tipp: Vor dem Essen kann das Früchtebrot noch mit einem reduzierten Apfelsaft glasiert werden.
Dieses Früchtebrot schmeckt hervorragend zu reifem Käse.

85. Brötchen glutenfrei

Kalorien: 170 kcal | Fett: 8 g | Kohlenhydrate: 157 g | Eiweiß: 11 g

Zubereitungszeit: 15 min, 50 min Ruhezeit, 20 min Backzeit
Portionen: 9
Schwierigkeit: leicht

Zutaten:

- 200 g Maisstärke
- Je 100 g Vollkorn Reismehl und Hirsemehl
- 1 Würfel frische Hefe
- 6 g Johannisbrotkernmehl
- 280 ml lauwarmes Wasser
- 1 EL Erdnussöl
- 2 TL Apfelessig
- 1 TL Salz
- 1 EL Kokosblütenzucker

Zubereitung:

1. Das Reismehl mit dem Hirsemehl und dem Johannisbrotkernmehl vermischen und die Maisstärke und das Salz dazu mengen.

2. 200 ml des lauwarmen Wassers, das Öl und den Apfelessig zugeben und alles zu einem glatten Teig kneten. Gegebenenfalls zuerst mit dem Knethaken arbeiten und danach auf einer bemehlten Fläche mit den Händen fertig kneten.

3. Mit einem feuchten Küchentuch abdecken und für 30 Minuten ruhenlassen.

4. Den Backofen auf 190 Grad Ober- und Unterhitze vorheizen und dabei die Hefe mit dem restlichen Wasser und dem Kokosblütenzucker verrühren bis sie aufgelöst ist.

5. Nun die Hefemischung in den Teig einkneten und neun Brötchen daraus formen. Diese auf das Backblech mit Backpapier legen und vor dem Backen noch einmal gut 20 Minuten zugedeckt gehen lassen.

6. Für etwa 25 Minuten backen und vor dem Essen etwas Zeit zum Auskühlen geben.

86. Soda-Petersilien-Brot

Kalorien: 95 kcal | Fett: 2 g | Kohlenhydrate: 15 g | Eiweiß: 4 g

Zubereitungszeit: 20 min. 40 min Backzeit
Portionen: 1 Laib für etwa 20 Scheiben
Schwierigkeit: leicht

Zutaten:

- 300 g Dinkelmehl
- 100 g Dinkelvollkornmehl
- 1 EL Backpulver
- 1 TL Natron
- 1 Bund Petersilie
- 1 Ei
- 30 g Butter
- 320 ml Buttermilch
- 1 EL Honig
- Salz

Zubereitung:

1. Die Petersilie waschen, trockenschleudern und komplett fein hacken.

2. Beide Mehlsorten in eine Schüssel sieben und das Backpulver, den Natron, sowie Salz und Honig dazufügen.

3. Die Butter leicht schmelzen und mit dem Ei und der Buttermilch verquirlen.

4. Den Backofen auf 180 Grad Umluft vorheizen.

5. Die Ei-Buttermilch-Mischung zum Mehl geben und mit einer Gabel durchrühren, bis ein feuchter Teig entstanden ist. Nun erst die Petersilie daruntermischen.

6. Den Teig zu einem runden Laib formen und auf ein Backblech mit Backpapier setzen.

7. Im Ofen für zehn Minuten backen und dann die Hitze reduzieren auf 170 Grad Umluft. Hier für 30 Minuten fertig backen.

Tipp: Das Brot soll außen eine harte Kruste haben und innen flaumig weich sein.

87. Scones

Kalorien: 267 kcal | Fett: 11 g | Kohlenhydrate: 34 g | Eiweiß: 6 g

Zubereitungszeit: 15 min, 15 min Backzeit
Portionen: 12
Schwierigkeit: leicht

Zutaten:

- 500 g Mehl nach Wahl
- 1 Pkg. Backpulver
- 40 g Zucker
- 120 g weiche Butter, frühzeitig aus dem Kühlschrank nehmen
- 250 g Vollmilchjoghurt
- 2 ganze Eier
- 1 Eigelb
- Salz

Zubereitung:

1. Das Mehl in eine Rührschüssel sieben und das Backpulver mit dem Zucker und die zwei ganzen Eier dazufügen, salzen und mit dem Knethaken beginnen zu mischen.

2. Die Butter in einzelne Flöckchen teilen und gemeinsam mit dem Vollmilchjoghurt einkneten.

3. Den Backofen auf 170 Grad Umluft vorheizen.

4. Den Teig auf einer bemehlten Arbeitsfläche eventuell noch einmal mit den Händen durchkneten und etwa zweieinhalb Centimeter dick ausrollen.

5. Mit einem Glas oder einer Form etwa sieben Centimeter Durchmesser runde Teile ausstechen und auf ein Backblech mit Backpapier legen.

6. Immer wieder neu kneten und ausrollen bis, kein Teig mehr übrig ist. Dann die einzelnen Scones mit dem Eigelb bestreichen und für 15 Minuten auf der mittleren Schiene backen.

Tipp: Das klassische englische Gebäck wird sowohl mit süßen als auch mit pikanten Aufstrichen verzehrt.

88. Darmschmeichler Brot

Kalorien: 2231 kcal | Fett: 156 g | Kohlenhydrate: 117 g | Eiweiß: 30 g

Zubereitungszeit:	**20 min, 15 min Ruhezeit, 50 min Backzeit**
Portionen:	**1 Kastenform, Nährwert ganzes Brot**
Schwierigkeit:	**leicht**

Zutaten:

- 100 g Hirse
- 60 g Quinoa
- 135 g Sonnenblumenkerne
- 100 g Leinsamen, geschrotet
- Je 2 EL Flohsamenschalen gemahlen und Chiasamen
- 65 g gehackte Walnüsse
- 1 TL Salz
- Je ½ TL Fenchel, Koriandersamen und Kreuzkümmel
- 1 TL Kokosblütenzucker
- 1 EL Olivenöl

Zubereitung:

1. Den Backofen auf 180 Grad Ober- und Unterhitze vorheizen und eine Auflaufform gefüllt mit Wasser hineinstellen.

2. Die trockenen Zutaten außer den Sonnenblumenkernen, den Walnüssen und den Gewürzen im Mixer fein mahlen und in eine Rührschüssel umfüllen.

3. Die Kastenform für das Brot einfetten.

4. Die Gewürze, die Kerne, den Zucker, das Öl und 450 ml lauwarmes Wasser zum gemahlenen Getreide geben und mit den Händen beginnen einen Teig zu kneten. In eine große Kugelform bringen, immer noch in der Schüssel, und für gute 10-15 Minuten, an einem warmen Ort ruhenlassen.

5. Den Teig in die Form füllen und mit etwas Wasser benetzen, dann für etwa 30 Minuten backen.

6. Aus dem Ofen nehmen und stürzen, umgedreht auf das Backblech setzen, wieder mit Wasser benetzen und noch einmal für 20 Minuten backen.

Tipp: Wer viele Medikamente zu sich nehmen muss, sollte sich dieses Brot mit seinen darmreparierenden Eigenschaften nicht entgehen lassen.

89. Quark-Nuss-Brote

Kalorien: 135 kcal | Fett: 6 g | Kohlenhydrate: 13 g | Eiweiß: 4 g

Zubereitungszeit: 30 min, 50 min Backzeit
Portionen: 3 Tontöpfe voll je 10 Scheiben
Schwierigkeit: mittel

Zutaten:

- 3 unglasierte Blumentöpfe mit 12 cm Durchmesser
- 110 ml Öl, davon 10 für die Töpfe
- Je 300 g Dinkel und Roggen Vollkornmehl
- Je ¼ TL gemahlener Anis, Fenchel, Kümmel und Koriander
- 2 TL Backpulver
- 250 g Magerquark
- 180 ml Vollmilch
- 2 Eier
- 1 EL Salz
- 80 g gehackte Walnüsse

Zubereitung:

1. Die Tontöpfe gut mit dem Öl einpinseln und den Backofen auf 180 Grad Umluft vorheizen und eine Schale mit Wasser hineinstellen.

2. Beide Mehlsorten in eine Rührschüssel sieben und mit Backpulver, sowie den Gewürzen mischen. Danach den Quark, 150 ml der Vollmilch, die Eier und 100 ml des Öls gemeinsam mit dem Salz zugeben und mit dem Handmixer zu einem glatten Teig verarbeiten.

3. Auf einer bemehlten Arbeitsfläche noch einmal gut durchkneten und dabei auch die gehackten Walnüsse einarbeiten.

4. Den Teig in drei Kugeln formen und diese in die Tontöpfe geben. Die Teigoberfläche mit der restlichen Milch bepinseln und für etwa 50 Minuten backen.

5. Aus dem Backofen nehmen und mit der Form auskühlen lassen, erst dann stürzen und essen.

Tipp: Tontöpfe dieser Art, unglasierte Blumentöpfe aus dem Gartencenter, eignen sich ebenso wie Kastenforme für viele Arten von selbst gebackenem Brot.

90. Fladenbrot

Kalorien: 208 kcal | Fett: 6 g | Kohlenhydrate: 30 g | Eiweiß: 4 g

Zubereitungszeit: **30 min, 60 min Ruhezeit, 3 min Backzeit**
Portionen: **6**
Schwierigkeit: mittel

Zutaten:

- 250 g Mehl
- 1 TL Weinsteinbackpulver
- 1 TL Salz
- 30 g griechischer Sahnejoghurt
- 3 EL Kokosöl
- 1 TL Sesamsamen
- 1 TL Schwarzkümmel

Zubereitung:

1. Mehl in eine Schüssel sieben und mit dem Salz und dem Backpulver vermischen. Dann den Joghurt dazugeben und 125 ml lauwarmes Wasser.

2. Mit einem Löffel vom Schüsselrand in die Mitte beginnen alles zu mischen und danach mit den Händen, erst in der Schüssel und wenn der Teig geschmeidig ist, auf einer Arbeitsfläche fertig kneten.

3. Ist der Teig glatt geknetet zu einer Rolle formen und in sechs gleich große Stücke teilen. Diese dann zu einem dünnen Fladen ausrollen, so dünn wie möglich!

4. Die Teigoberflächen beidseitig mit etwas Öl bepinseln und eine beschichtete Pfanne auf dem Herd erhitzen. Nach und nach die Teigfladen herausbacken, dabei für jede Seite etwa drei Minuten verwenden, die Fladen sollen nur hellbraun sein.

5. Fladen noch einmal auf einer Seite mit Öl bepinseln und einer Mischung aus Sesam und Schwarzkümmel bestreuen.

Tipp: Die Fladen nach dem Backen am besten zwischen zwei Tellern mit einem Küchentuch warmhalten.

Smoothies

Die Grundidee für grüne Smoothies entstand, weil Viktoria Boutenko und ihre Familie zwar um den Wert der gesunden grünen Blätter allen voran Grünkohl wusste, aber diese eigentlich nicht essen wollte, weil sie nicht schmeckten. Durch das feine Pürieren und die Zugabe von Obst konnte sie das nahrhafte Grün auch ihren Kindern schmackhaft machen und so für eine gute Versorgung mit Chlorophyll und Vitaminen, sowie Mineralien sorgen.

Heute finden sich Smoothies in jedem Kühlregal der Supermärkte und auch die großen Fast-Food-Ketten und Coffee-Shops haben sie im Angebot, aber nichts geht über die Frische, wenn wir von Smoothies alle wertvollen Inhaltsstoffe aufnehmen wollen und von Ihrer stärkenden Wirkung auf unser Immunsystem profitieren.

91. Honigmelone

Kalorien: 177 kcal | Fett: 5 g | Kohlenhydrate: 24,9 g | Eiweiß: 5,5 g

Zubereitungszeit:	**10 min**
Portionen:	**1**
Schwierigkeit:	**leicht**

Zutaten:

- 100 g Honigmelone
- 140 g Kefir
- 1 TL Honig
- 1 Spritzer Zitronensaft

Zubereitung:

1. Die Honigmelone halbieren und die Kerne entfernen. Einen Teil der Honigmelone schälen und 100 g davon in grobe Stücke schneiden.

2. Alle Zutaten in den Mixer geben und diesen gut zwei Minuten laufen lassen.

Tipp: Viele Supermärkte bieten Melonen heutzutage auch halbiert oder geviertelt an, wenn man keine ganze Melone kaufen möchte. Entkernt und auf die Schnittfläche gelegt hält sich eine Melone aber gut drei bis vier Tage im Kühlschrank.

92. Erdbeer-Basilikum

Kalorien: 278 kcal | Fett: 3,6 g | Kohlenhydrate: 40,2 g | Eiweiß: 12,1 g

Zubereitungszeit: 10 min
Portionen: 1
Schwierigkeit: leicht

Zutaten:

- 100 g Erdbeeren
- 8 Blatt Basilikum
- Saft einer halben Zitrone
- 2 grüne Pfefferkörner
- 100 ml Wasser

Zubereitung:

1. Die Erdbeeren waschen und den Stielansatz entfernen.

2. Die Basilikumblätter kurz abbrausen.

3. Saft einer halben Zitrone auspressen.

4. Alle Zutaten in den Mixer geben und diesen gut drei Minuten laufen lassen.

Tipp: Um den Smoothie etwas cremiger zu machen kann auch Joghurt verwendet werden oder einen Esslöffel Mandelmus zugegeben.

93. Bananen

Kalorien: 182 kcal | Fett: 3,1 g | Kohlenhydrate: 34,8 g | Eiweiß: 2,1 g

Zubereitungszeit: 5 min
Portionen: 1
Schwierigkeit: leicht

Zutaten:
- 1 reife Banane
- 1 Spritzer Zitronensaft
- 1 TL Honig
- 130 ml Mandelmilch

Zubereitung:
1. Die Banane schälen und in grobe Stücke brechen.
2. Alle Zutaten in den Mixer geben und diesen für zwei Minuten laufen lassen.

Tipp: Dieser Smoothie kann anstatt mit Zitronensaft auch gut mit Zimt und Muskatnuss abgerundet werden.

94. Mango-Joghurt

Kalorien: 178 kcal | Fett: 1,8 g | Kohlenhydrate: 34,5 g | Eiweiß: 4,4 g

Zubereitungszeit: **10 min**
Portionen: **1**
Schwierigkeit: **leicht**

Zutaten:

- 1 Mango
- 50 g Joghurt
- 1 spitzer Limettensaft
- 50 ml Orangensaft

Zubereitung:

1. Die Mango schälen und den Kern entfernen, dann in grobe Stücke schneiden.

2. Alle Zutaten in den Mixer geben und für zwei Minuten gut durchmixen.

Tipp: Diesen Smoothie können Sie mit jeglicher Südfrucht herstellen. Zwei bis drei Blätter Minze geben noch etwas mehr Frische in dieses Getränk.

95. Himbeer-Buttermilch

Kalorien: 77 kcal | Fett: 1 g | Kohlenhydrate: 10,7 g | Eiweiß: 5,5 g

Zubereitungszeit: **5 min**
Portionen: **1**
Schwierigkeit: **leicht**

Zutaten:

- 120 g Himbeeren
- 120 ml Buttermilch
- 2 Zweige Koriander

Zubereitung:

1. Den Koriander waschen und die Blätter samt den Stielansätzen grob hacken.

2. Die Himbeeren kurz abbrausen.

3. Alle Zutaten in den Mixer geben und diesen drei Minuten laufen lassen.

Tipp: Die Mischung Buttermilch und Beeren kann mit jeder beliebigen oder auch mit einem Beerenmix zubereitet werden. Zu Brombeeren sind auch Thymian oder Oregano interessant als Beigeschmack.

96. Cremige Avocado

Kalorien: 161 kcal | Fett: 12,2 g | Kohlenhydrate: 8,7 g | Eiweiß: 2,4 g

Zubereitungszeit: 10 min
Portionen: 1
Schwierigkeit: leicht

Zutaten:

- ½ Avocado
- 120 ml Gemüsebrühe
- 2 EL Zitronensaft
- 2 Pfefferkörner
- Salz nach Geschmack

Zubereitung:

1. Die Avocado halbieren, den Kern entfernen und das Fruchtfleisch mit einem Löffel auslösen.

2. Alle Zutaten in den Mixer geben und für drei Minuten auf höchster Stufe laufen lassen.

Tipp: Mit nur etwa 20 ml Gemüsebrühe und der ganzen Avocado wird aus dem Smoothie ein Dip. Dieser kann noch mit den Lieblingskräutern verfeinert werden.

97. Spinat-Ricotta

Kalorien: 152 kcal | Fett: 10,3 g | Kohlenhydrate: 3,1 g | Eiweiß: 10,1 g

Zubereitungszeit: **5 min**
Portionen: **1**
Schwierigkeit: **leicht**

Zutaten:

- 50 g Blattspinat
- 2 EL Ricotta oder Hüttenkäse
- 80 ml Wasser
- 2 EL Pinienkerne
- ¼ TL Koriandersamen
- 1 Prise Meersalz
- 1 Prise Muskatnuss

Zubereitung:

1. Den Blattspinat waschen und die dicksten Blattansätze entfernen.

2. Alle Zutaten in den Mixer geben und für drei bis vier Minuten laufen lassen bis die Konsistenz cremig ist.

Tipp: Baby-Blattspinat macht weniger Arbeit, da der meist ohne grobe Stiele zu kaufen ist. Zur Not geht auch Tiefkühlspinat.

98. Vitamin C - Smoothie

Kalorien: 188 kcal | Fett: 9 g | Kohlenhydrate: 21,2 g | Eiweiß: 3,9 g

Zubereitungszeit: 10 min
Portionen: 1
Schwierigkeit: leicht

Zutaten:

- 80 g Wirsing
- 1 kernlose Mandarine
- 2 EL saure Sahne
- 1 EL Ahornsirup
- 1 EL Haselnüsse

Zubereitung:

1. Die Haselnüsse in einer fettlosen Pfanne für gut fünf Minuten anrösten.

2. Inzwischen vom Wirsing den Strunk entfernen und 80 g reine Blätter abwiegen.

3. Die Mandarine schälen.

4. Alle Zutaten in den Mixer geben und diesen auf höchster Stufe für fünf Minuten laufen lassen, damit auch die Nüsse gut püriert sind.

Tipp: Anstelle der Mandarine kann auch eine Orange verwendet werden. Kernlos hat den Vorteil, dass man diese nicht vorher umständlich entfernen muss.

99. Paprika-Chili

Kalorien: 77 kcal | Fett: 0,7 g | Kohlenhydrate: 11,7 g | Eiweiß: 4,7 g

Zubereitungszeit: 15 min
Portionen: 1
Schwierigkeit: leicht

Zutaten:

- ½ grüne Paprikaschote
- 2 kleine grüne Tomaten
- 2 grüne Chili
- 1 Frühlingswiebel
- 50 g Joghurt
- 50 ml Wasser
- 1 Stängel Koriander
- 1 Prise Meersalz

Zubereitung:

1. Die Paprikaschote halbieren und die Kerne entfernen, dann in Streifen schneiden und diese in einer Pfanne ohne Öl für drei Minuten anbraten.

2. Die Tomaten und die Chilis waschen.

3. Die Tomaten halbieren.

4. Die Frühlingszwiebel putzen und in grobe Ringe schneiden.

5. Alle Zutaten in den Mixer geben und für gut fünf Minuten auf höchster Stufe oder mit dem Impulsmixer eine cremige Flüssigkeit herstellen.

Tipp: Je nachdem wieviel Schärfe Sie vertragen, können Sie natürlich auch weniger Chili verwenden.

100. Lauch-Birne

Kalorien: 162 kcal | Fett: 5,4 g | Kohlenhydrate: 24 g | Eiweiß: 3 g

Zubereitungszeit: 5 min
Portionen: 1
Schwierigkeit: leicht

Zutaten:

- ¼ Stange Lauch
- ½ Birne
- 50 g Sauerrahm
- 80 ml Wasser
- 1 TL Palmzucker
- 1 Prise Kardamom

Zubereitung:

1. Den Lauch putzen und das mittlere Viertel der Stange in grobe Stücke schneiden.

2. Eine Birne halbieren, das Kerngehäuse entfernen und ebenfalls in grobe Stücke schneiden.

3. Alle Zutaten im Mixer für drei Minuten cremig pürieren.

Tipp: Bei sehr reifen Birnen kann man oft auf den Zucker verzichten.

101. Maronen-Vanille-Mix

Kalorien: 252 kcal | Fett: 16 g | Kohlenhydrate: 22 g | Eiweiß: 3 g

Zubereitungszeit: 30 min
Portionen: 1
Schwierigkeit: leicht

Zutaten:
- 50 g Maronen
- 50 ml Sahne
- 80 ml Wasser
- 1 Msp. Vanillemark
- 1 Prise Muskatnuss
- 1 EL naturtrüber Apfelessig

Zubereitung:

1. Den Backofen vorheizen und die Maronen kreuzweise einschneiden.

2. Die Maronen auf dem Backblech ohne Öl für etwa 20 Minuten bei 175 Grad Umluft rösten.

3. Die Maronen so warm wie möglich schälen und in den Mixer geben.

4. Die restlichen Zutaten zu den Maronen in den Mixer füllen und für gut drei Minuten auf höchster Stufe mixen lassen.

Tipp: Es spricht natürlich nichts dagegen die Maronen fertig gegart zu kaufen.

102. Karotte-Ingwer

Kalorien: 112 kcal | Fett: 0,3 g | Kohlenhydrate: 24 g | Eiweiß: 2 g

Zubereitungszeit: 5 min
Portionen: 1
Schwierigkeit: leicht

Zutaten:

- 100 ml Karottensaft
- 1 reife Banane
- 1 cm Ingwer
- 3 Blatt Liebstöckel

Zubereitung:

1. Die Banane schälen und in große Stücke brechen.

2. Den Liebstöckel waschen.

3. Den Ingwer schälen und in kleine Stücke schneiden.

4. Alle Zutaten im Mixer für zwei Minuten auf höchster Stufe pürieren.

Tipp: Der Smoothie wird ungleich gesünder, wenn der Karottensaft vorher selbst ausgepresst wurde.

Wer den Geschmack von Liebstöckel nicht mag, der kann natürlich auch andere frische Kräuter zur Abrundung hinzufügen.

103. Aprikosen-Kopfsalat

Kalorien: 95 kcal | Fett: 0,3 g | Kohlenhydrate: 18 g | Eiweiß: 3,9 g

Zubereitungszeit: **10 min**
Portionen: **1**
Schwierigkeit: **leicht**

Zutaten:

- 4 Marillen
- 20 g Kopfsalat
- 2 Blatt Chicorée
- 1 Spritzer Zitronensaft
- 50 g Joghurt
- 80 ml Tee aus Zitronenverbene

Zubereitung:

1. 100 ml Wasser aufkochen und zwei bis drei Blatt Zitronenverbene damit aufgießen.

2. Die Marillen waschen und halbieren, die Kerne entfernen.

3. Den Kopfsalat und den Chicorée waschen.

4. 80 ml vom Zitronenverbene-Tee abseihen und in den Mixer geben.

5. Die restlichen Zutaten dazugeben und für etwa drei Minuten gut mischen lassen.

Tipp: Selbstverständlich kann auch eine andere Kräuterteesorte für diesen Smoothie verwendet werden.

104. Brokkoli-Apfel

Kalorien: 157 kcal | Fett: 0,8 g | Kohlenhydrate: 33 g | Eiweiß: 3,2 g

Zubereitungszeit: 15 min
Portionen: 1
Schwierigkeit: leicht

Zutaten:

- 60 g Brokkoli
- 1 Apfel
- 2 Grapefruits
- 1 Zitrone
- 1 Mandarine
- 80 ml Apfelsaft

Zubereitung:

1. Den Brokkoli waschen und 60 g Röschen davon abwiegen.

2. Den Apfel waschen, entkernen und in Stücke schneiden.

3. Die Grapefruits filetieren bis etwa 60 g Filets übrigbleiben.

4. Die Zitrone auspressen.

5. Die Mandarine schälen und, soweit sie nicht kernlos ist, die Kerne entfernen.

6. Alle Zutaten in den Mixer geben und für vier Minuten cremig mixen.

Tipp: Wenn die Arbeit des Filetierens zu viel Zeit benötigt, am frühen Morgen, dann können die Grapefruits auch gepresst werden und die Menge des Apfelsaft auf die Hälfte reduziert.

105. Matcha-Banane

Kalorien: 194 kcal | Fett: 3 g | Kohlenhydrate: 37 g | Eiweiß: 3,2 g

Zubereitungszeit: 5 min
Portionen: 1
Schwierigkeit: leicht

Zutaten:

- 2 TL Matcha Pulver
- 1 reife Banane
- 100 g Soja Joghurt

Zubereitung:

1. Die Banane schälen und grobe Stücke brechen.

2. Alle Zutaten im Mixer für zwei Minuten cremig rühren.

Tipp: Selbstverständlich kann dieser Smoothie auch mit Mandeljoghurt oder normalem probiotischem Joghurt zubereitet werden.

Für die Arbeit/Schule (zum Mitnehmen)

Eine ausgewogene Ernährung spielt sich natürlich nicht nur zu Hause ab, sondern soll auch während eines Bürotages oder langen Tages an der Universität nicht zu kurz kommen. Im folgenden Kapitel finden Sie Anregungen für die To-Go-Verpflegung an einem langen Arbeits- ebenso wie Schultag. Vitamine, Mineralstoffe und die wichtigsten Makronähstoffe sorgen für einen ausbalancierten Energiehaushalt während des gesamten Tages. Leicht vorzubereiten und für mehrere Tage im Kühlschrank haltbar, macht es Spaß mit den Angeboten der Saison zu experimentieren und mit Gewürzen und Kräutern aller Art zu verfeinern. Ernährung darf auch Spaß machen und soll nicht zu viel der kostbaren Freizeit nehmen, darum sind die Rezepte hier schnell vor- und zubereitet.

106. Blaubeer-Hummus

Kalorien: 102 kcal | Fett: 4 g | Kohlenhydrate: 11 g | Eiweiß: 3 g

Zubereitungszeit: 10 min
Portionen: 2
Schwierigkeit: leicht

Zutaten:
- 70 g Kichererbsen aus der Dose
- 40 g Blaubeeren
- 6 getrocknete Datteln ohne Stein
- 1 TL Kokosöl
- 1 TL Tahin
- 1 TL Zitronensaft
- 1 Prise Zimt
- Salz nach Geschmack
- Minze zur Dekoration

Zubereitung:

1. Die Kichererbsen abtropfen lassen und noch einmal gut durchspülen.

2. Die Datteln klein schneiden, entsteinen, wenn Sie keine anderen finden.

3. Die gesamte Menge der Zutaten in den Mixer geben und auf höchster Stufe mixen bis eine cremige Masse entsteht.

4. In ein Glas oder einen Becher zum Mitnehmen umfüllen und noch ein Brötchen dazu packen.

5. Mit der Minze dekorieren, wenn Sie es servieren.

Tipp: Noch besser schmeckt Hummus, wenn das Brötchen oder Brot vorher getoastet wird.

107. Brotsalat

Kalorien: 188 kcal | Fett: 11 g | Kohlenhydrate: 18 g | Eiweiß: 4 g

Zubereitungszeit: 25 min
Portionen: 1
Schwierigkeit: leicht

Zutaten:

- 2 Scheiben Vollkorn Baguette
- 130 g Kirschtomaten
- ¼ rote Zwiebel
- 5 Stängel Basilikum
- 1 TL Balsamico
- 1 EL Olivenöl
- Salz und Pfeffer nach Geschmack

Zubereitung:

1. Das Baguette in mundegerechte Würfel schneiden und in der Pfanne mit etwas Fett für acht Minuten anrösten.

2. Inzwischen die Zwiebel schälen und fein hacken, nach dem Brot in derselben Pfanne für etwa drei Minuten andünsten.

3. Die Kirschtomaten waschen und die Stielansätze entfernen, halbieren.

4. Das Basilikum waschen und die Blätter abzupfen, um sie fein zu hacken.

5. Brotwürfel und Tomaten mit dem Basilikum in eine Box zum Mitnehmen füllen.

6. Öl und Balsamico mit dem Zwiebel mischen und mit Salz und Pfeffer abschmecken. Danach über die Brot-Tomaten-Mischung gießen. Die Box verschließen und schütteln, damit sich das Dressing verteilen kann.

Tipp: Sie können gerne auch noch Chicorée oder andere eher knackige Salate untermischen und mit Paprika immer wieder für neuen Geschmack sorgen.

108. Kichererbsen-Salat

Kalorien: 254 kcal | Fett: 13 g | Kohlenhydrate: 24 g | Eiweiß: 9 g

Zubereitungszeit: **20 min**
Portionen: **1**
Schwierigkeit: **leicht**

Zutaten:

- 60 g rote Kirschtomaten
- 60 g gelbe Kirschtomaten
- ¼ einer Salatgurke
- 60 g Kichererbsen aus der Dose
- 15 g Feta
- 1 TL Balsamico
- 1 EL Rapsöl
- Salz, Pfeffer und Zitronensaft nach Geschmack

Zubereitung:

1. Die roten und gelben Kirschtomaten waschen, die Stiele entfernen und vierteln.

2. Die Gurke waschen, vierteln und aus einem Viertel Würfel schneiden.

3. Die Kichererbsen abtropfen lassen und noch einmal gut ausspülen.

4. Gurkenwürfel, Kichererbsen und Tomatenviertel in der Jausen-Box mischen und den Feta darüber bröseln.

5. Mit Balsamico und Öl übergießen, salzen und pfeffern, die Box verschließen und schütteln. Eventuell noch einmal abschmecken.

Tipp: Versuchen Sie auch diesen Salat zu variieren mit Paprika, Karottenstiften, Zucchini oder anderen Käsesorten.

109. Frischkäse mit Salat

Kalorien: 153 kcal | Fett: 10 g | Kohlenhydrate: 6 g | Eiweiß: 8 g

Zubereitungszeit: **10 min**
Portionen: **1**
Schwierigkeit: **leicht**

Zutaten:

- 120 g bunte Kirschtomaten
- ½ Bund Rucola
- 50 g körniger Frischkäse
- ½ rote Zwiebel
- 1 EL Rapsöl
- Salz und Pfeffer nach Geschmack

Zubereitung:

1. Den Frischkäse mit Salz, Pfeffer und Rapsöl abschmecken und in die Jausen-Box füllen.

2. Die Kirschtomaten waschen und die Stiele entfernen, vierteln oder halbieren, je nach Größe.

3. Den Rucola waschen und gegebenenfalls kleiner schneiden.

4. Die Zwiebel schälen halbieren und in feine Ringe schneiden.

5. Salat, Zwiebel und Tomaten auf den Frischkäse arrangieren, verschließen und einpacken. Vor dem Essen eventuell unter den Frischkäse mischen.

Tipp: Zwiebeln auf der Schnittfläche gelagert auf einem Teller, halten sich im Kühlschrank bis zu einer Woche.

110. Blumenkohl Polnisch

Kalorien: 269 kcal | Fett: 19 g | Kohlenhydrate: 12 g | Eiweiß: 10 g

Zubereitungszeit: 30 min
Portionen: 1
Schwierigkeit: leicht

Zutaten:

- ½ Blumenkohl
- 1 kleines Ei
- 5 Stängel Petersilie
- 15 g Butter
- 1 EL Semmelbrösel
- Salz und Pfeffer nach Geschmack

Zubereitung:

1. Das Ei hartkochen, etwa neun Minuten, abschrecken, schälen und klein hacken.

2. Wenn das Ei kocht die Petersilie waschen, die dicken Stiele entfernen und klein hacken.

3. Den Blumenkohl waschen und in möglichst kleine Röschen teilen, danach in kochendem Salzwasser für gut acht Minuten garen lassen.

4. Inzwischen die Butter in einer Pfanne schmelzen und die Semmelbrösel darin anrösten.

5. Die Petersilie unter die Brösel mischen und die Platte ausschalten, die Brösel zum Warmhalten darauf stehen lassen.

6. Den Blumenkohl abtropfen und in die Pfanne geben. Nach Belieben Semmelbrösel über den Blumenkohl geben.

7. Die gehackten Eier darüber streuen und zum Mitnehmen einpacken.

Tipp: Übriger Blumenkohl kann auch sehr gut in Salaten oder für nur fünf Minuten blanchiert auf Rohkostplatten gereicht werden.

111. Artischockentortilla

Kalorien: 248 kcal | Fett: 14 g | Kohlenhydrate: 8 g | Eiweiß: 21 g

Zubereitungszeit: 25 min
Portionen: 2
Schwierigkeit: leicht

Zutaten:

- 220 g Artischockenherzen aus der Dose
- 100 g Kirchtomaten
- 50 g Schafskäse
- 3 Eier
- 6 EL Milch
- 1 Zwiebel
- 1 Knoblauchzehe
- ½ TL Tomatenmark
- 1 TL Kokosöl
- Salz und Pfeffer nach Geschmack

Zubereitung:

1. Die Artischockenherzen abtropfen und halbieren.

2. Die Kirschtomaten waschen, die Stiele entfernen und auch halbieren.

3. Die Zwiebel und den Knoblauch schälen und beides fein hacken.

4. Die Eier mit der Milch und dem Tomatenmark schaumig verquirlen.

5. Das Öl in einer beschichteten Pfanne erhitzen und die fein gehackte Zwiebel mit dem Knoblauch darin für etwa zwei Minuten andünsten, dann die Artischocken dazugeben und ebenso leicht anbraten.

6. Die Temperatur auf maximal mittlere Hitze reduzieren und die Eier darüber gießen. Zudecken und für ungefähr acht Minuten stocken lassen.

7. Inzwischen den Käse in Würfel schneiden.

8. Die Tortilla mithilfe eines Tellers wenden und den Käse darüber streuen. Weiterbacken bis der Käse anschmilzt.

Tipp: Tortilla jeder Art wird in Spanien kalt als Snack verzehrt.

112. Wirsing-Linsen mit Apfel

Kalorien: 576 kcal | Fett: 27 g | Kohlenhydrate: 60 g | Eiweiß: 21 g

Zubereitungszeit: **30 min**
Portionen: **2**
Schwierigkeit: **leicht**

Zutaten:

- 400 g Wirsing
- 1 Schalotte
- 1 Apfel
- 50 g getrocknete Datteln ohne Stein
- 100 g Linsen
- 150 ml Gemüsebrühe
- 50 g Haselnusskerne
- 50 g Rucola
- 2 EL Olivenöl
- Salz und Pfeffer nach Geschmack

Zubereitung:

1. Die Schalotte schälen und fein hacken.

2. Den Wirsing putzen, den harten Strunk entfernen und in feine Streifen schneiden.

3. Den Apfel waschen, vierteln und entkernen, danach würfeln.

4. Die Datteln gegebenenfalls entsteinen und in Längsstreifen schneiden.

5. Das Öl in einer Pfanne erhitzen und die Schalotte darin für zwei Minuten glasig dünsten. Dann den Wirsing hinzufügen und weitere fünf Minuten dünsten.

6. Den Apfel, die Linsen und die Dattelstreifen einrühren und für noch einmal zwei Minuten alles dünsten und untermischen.

7. Mit der Gemüsebrühe aufgießen und für etwa zehn Minuten köcheln lassen.

8. Inzwischen die Haselnüsse hacken und in einer fettfreien Pfanne anrösten.

9. Den Rucola waschen und trockenschleudern, danach klein hacken.

10. Das Wirsinggemisch mit Salz und Pfeffer abschmecken und die Haselnüsse sowie den Rucola unterheben und einpacken.

113. Wraps mit Reispapier

Kalorien: 70 kcal | Fett: 0 g | Kohlenhydrate: 14 g | Eiweiß: 2 g

Zubereitungszeit: 15 min
Portionen: 1
Schwierigkeit: leicht

Zutaten:

- 1 kleine Karotte
- ½ Paprikaschote rot
- 1 Frühlingszwiebel
- ¼ Salatgurke
- 2 Blätter Reispapier
- 2 Stiele Thai Basilikum
- 1 TL süße Chilisauce

Zubereitung:

1. Die Karotte waschen, putzen und in dünne Längsstifte schneiden.

2. Die Paprika in dünne Längsstreifen schneiden.

3. Die Frühlingszwiebel putzen und der Länge nach vierteln.

4. Die Gurke waschen und in Längsstifte schneiden.

5. Das Basilikum waschen und die Blätter abzupfen.

6. Das Reispapier einzeln in warmes Wasser tauchen und einweichen bis es weich ist. Auf die Arbeitsplatte legen und das Gemüse gleichmäßig so verteilen, dass die Wraps noch gut zu rollen und zu schließen sind.

7. Vor dem Einrollen die Chilisauce darauf verteilen, dann schließen und einpacken.

Tipp: Diese Wraps halten sich perfekt für 2 bis 3 Tage im Kühlschrank und können so gut variantenreich und immer wieder neu im Geschmack vorbereitet werden. Gegebenenfalls etwas mehr Dip oder eine kleine Dose mit einer Extraportion Chilisauce miteinpacken.

114. Quinoa-Salat

Kalorien: 400 kcal | Fett: 18 g | Kohlenhydrate: 47 g | Eiweiß: 10 g

Zubereitungszeit: 30 min
Portionen: 1
Schwierigkeit: leicht

Zutaten:

- 50 g Quinoa
- 130 ml Gemüsebrühe
- 1 Tomate
- 1 TL frisch gehackte Kräuter nach Geschmack
- ¼ Zwiebel
- 1 EL Olivenöl
- Salz, Pfeffer und Zitronensaft zum Abschmecken

Zubereitung:

1. Quinoa unter fließendem Wasser gut auswaschen und mit der Brühe für gut 20 Minuten auf kleiner Hitze köcheln lassen, danach von der Platte nehmen und für fünf Minuten Zeit zum Ausquellen geben.

2. Während der Kochzeit die Tomate waschen, den Stielansatz entfernen und klein würfeln.

3. Die Kräuter nach Geschmack waschen, trockenschleudern und ebenfalls klein hacken.

4. Die Zwiebel schälen und das Viertel kleinwürfelig schneiden.

5. Wenn der Quinoa fertig ist, alles in einer Schale vermischen und mit dem Öl und eventuell Zitronensaft, sowie Salz und Pfeffer abschmecken.

6. Einpacken und mitnehmen ins Büro.

Tipp: Sie können jedes Ihrer Lieblingsgemüse in diesem Salat verwenden und anstelle von Zitronensaft auch mit Weißweinessig abschmecken.

115. Italienischer Nudelsalat

Kalorien: 510 kcal | Fett: 17 g | Kohlenhydrate: 68 g | Eiweiß: 18 g

Zubereitungszeit: 30 min
Portionen: 2
Schwierigkeit: leicht

Zutaten:

- 200 g Vollkorn Fusilli
- 3 EL Kokosöl
- 125 g Cocktailtomaten
- 1 Zucchini
- 1 Knoblauchzehe
- 1 EL gehackte Kräuter nach Geschmack
- 25 g Parmesan
- Salz, Pfeffer und Balsamico sowie weiteres Kokosöl nach Geschmack

Zubereitung:

1. Nudeln laut Packungsanleitung bissfest garen.

2. Nach dem Abseihen mit einem Esslöffel Öl vermischen, damit sie nicht verkleben.

3. Während die Nudeln kochen die Tomaten waschen und die Stiele entfernen, halbieren.

4. Die Zucchini waschen und in dünne Scheiben schneiden.

5. Einen Esslöffel Öl in einer Pfanne erhitzen und die Zucchini darin bei mittlerer Hitze für etwa drei Minuten goldbraun anbraten. Sofort mit Salz und Pfeffer würzen.

6. Den Knoblauch schälen und fein hacken, danach mit Balsamico und Olivenöl nach Geschmack vermischen.

7. Wenn alles fertig vorbereitet ist, in einer großen Schüssel alle Komponenten mischen und dafür sorgen, dass auch alles gut mariniert ist. Einpacken und kalt im Büro oder in der Schule genießen.

Tipp: Es können auch gebrochene oder geschnittene Spaghetti oder eine andere Ihrer liebsten Nudeln verwendet werden.

116. Cheddar-Wraps

Kalorien: 384 kcal | Fett: 23 g | Kohlenhydrate: 24 g | Eiweiß: 20 g

Zubereitungszeit: **30 min**
Portionen: **1**
Schwierigkeit: **leicht**

Zutaten:

- 2 Vollkorn Tortilla Fladen
- 4 Scheiben Cheddar Käse
- 2 Fleischtomaten
- 20 g getrocknete Tomaten
- 2 EL Olivenöl
- 1 Knoblauchzehe
- Salz und Pfeffer nach Geschmack

Zubereitung:

1. Tomaten blanchieren und die Haut abziehen, halbieren und die Kerne entfernen. Das Fruchtfleisch in Würfel schneiden.

2. Den Knoblauch schälen und fein hacken.

3. Das Olivenöl in einer Pfanne erhitzen und den Knoblauch anschwitzen bevor die Tomaten dazukommen.

4. Die getrockneten Tomaten klein hacken und in die Pfanne dazufügen. Alles für etwa zehn Minuten bei kleiner Hitze dünsten lassen. Danach mit Salz und Pfeffer abschmecken.

5. Die Tortilla Fladen in einer weiteren Pfanne ohne Fett kurz anwärmen, auf beiden Seiten jeweils 30 Sekunden.

6. Die Fladen mit dem Cheddar belegen und dann mit der Tomatensauce bestreichen.

7. Wraps fest einrollen und mit Sticks fixieren, einpacken und kalt im Büro verzehren.

Tipp: Am besten schmecken diese Wraps mit einem knackigen Salat aus Frisée oder Chicorée.

117. Nuss-Energie-Kugeln

Kalorien: 98 kcal | Fett: 4 g | Kohlenhydrate: 11 g | Eiweiß: 2 g

Zubereitungszeit: 20 min
Portionen: 35
Schwierigkeit: leicht

Zutaten:

- 100 g Haferflocken
- 400 g getrocknete Datteln ohne Stein
- 100 g Mandeln
- 70 g getrocknete Cranberries
- 50 g geschroteter Leinsamen
- 2 TL Zimt
- 4 EL Kokosflocken
- 1 EL Mandelmus
- 2 EL Kokosraspel
- 2 EL Sesam
- 2 EL Hanf Samen

Zubereitung:

1. Alle Zutaten bis auf Kokosraspel, Hanf Samen und Sesam in den Mixer geben und eine klebrige Masse daraus pürieren.

2. Kokosraspel, Hanf Samen und Sesam in einem tiefen Teller vermischen.

3. Mit feuchten Händen aus der Nuss-Dattel-Masse etwa 35 kleine Kugeln formen und in der Samenmischung rollen.

Tipp: Für alle die gerne im Büro naschen für einen Kick Extra Energie.

118. Griechischer Salat

Kalorien: 412 kcal | Fett: 35 g | Kohlenhydrate: 19 g | Eiweiß: 10 g

Zubereitungszeit: **20 min**
Portionen: **1**
Schwierigkeit: **leicht**

Zutaten:
- ¼ Salatgurke
- 1 Tomate
- ½ rote Zwiebel
- 1 milder eingelegter Peperoni
- 50 g Schafskäse
- 25 g schwarze Oliven aus dem Glas
- ½ TL getrockneter Oregano
- 1 EL Weißweinessig
- 2 EL Rapsöl
- Salz und Pfeffer nach Geschmack

Zubereitung:

1. Die Salatgurke waschen und in mundgerechte Stücke schneiden.

2. Die Tomate waschen, den Stielansatz entfernen und vierteln, danach in Scheiben schneiden.

3. Die Zwiebel schälen und in feine Ringe schneiden.

4. Den Peperoni abtropfen lassen und ebenfalls in Ringe schneiden.

5. Den Schafskäse mit den Fingern zerbröseln oder mit dem Messer in kleine Würfel schneiden.

6. Alle Komponenten in einer Schüssel mischen und mit Weißweinessig, Rapsöl sowie Salz und Pfeffer abschmecken.

Tipp: Beim Essen aufpassen, wenn die Oliven mit Kern sind!

119. Caesar Salat

Kalorien: 245 kcal | Fett: 19 g | Kohlenhydrate: 11 g | Eiweiß: 6 g

Zubereitungszeit: 30 min
Portionen: 1
Schwierigkeit: leicht

Zutaten:

- ½ Salatherz Romanasalat
- 1 Scheibe Vollkorntoast
- 1 Knoblauchzehe
- 1 EL Rapsöl
- ¼ TL scharfer Senf
- 1 Wachtelei
- 1 EL Kokosöl
- 25 g geriebener Parmesan
- Salz und Pfeffer nach Geschmack

Zubereitung:

1. Die Toastscheibe in kleine Würfel schneiden und in einer Pfanne mit Rapsöl zu Croutons rösten.

2. Den Knoblauch schälen fein hacken und am Ende mit den Croutons mitrösten.

3. Den Romanasalat waschen, trockenschleudern und in zwei cm breite Streifen schneiden.

4. Aus Senf, Ei, Öl und dem geriebenen Parmesan mit etwa 10 ml Wasser ein cremiges Dressing herstellen. Dieses mit Salz und Pfeffer abschmecken.

5. Den Salat mit dem Dressing mischen und mit den Croutons garnieren.

Tipp: Wenn Sie mehrere Portionen oder das Dressing auf Vorrat herstellen, dann können Sie natürlich auch mit Hühnereiern arbeiten.

120. Mais-Avocado-Salat

Kalorien: 234 kcal | Fett: 18 g | Kohlenhydrate: 20 g | Eiweiß: 4 g

Zubereitungszeit: **20 min**
Portionen: **1**
Schwierigkeit: **leicht**

Zutaten:

- 150 g Mais aus der Dose
- 50 g Cocktailtomaten
- 15 g schwarze Oliven ohne Stein
- 1 Frühlingszwiebel
- ¼ Avocado
- ½ grüne Paprika
- Basilikum und Petersilie nach Geschmack
- Salz und Pfeffer nach Geschmack

Zubereitung:

1. Den Mais abtropfen lassen und in eine Salatschüssel geben.

2. Die Tomaten waschen, Stiele entfernen und halbieren, mit in die Schüssel geben.

3. Frühlingszwiebel putzen und mit den Oliven in Ringe schneiden, ebenfalls zum Mais mischen.

4. Die Kräuter waschen, trockenschleudern und fein hacken, in die Schüssel mischen.

5. Die Paprika waschen, halbieren, die Kerne entfernen und die Hälfte, die verwendet wird in kleine Würfel schneiden.

6. Die Avocado halbieren, die Hälfte ohne Kern noch einmal halbieren und schälen, in Würfel schneiden und auch unter den Salat mischen.

7. Mit Salz und Pfeffer nochmal abschmecken und gegebenenfalls mit einem Spritzer Zitronensaft und einem Teelöffel Öl für etwas mehr Frische sorgen.

Tipp: Anstatt Mais können Sie auch vorgekochte Kichererbsen oder Bohnen für diesen Salat verwenden.

Suppen

Ob sie Vorspeise in einem festlichen Menü oder aufgrund der Vielfalt an Zutaten und Einlagemöglichkeiten eine Hauptmahlzeit sind. Suppen finden sich als fixer Bestandteil der Ernährung in allen Teilen der Erde. Kaltschalen für warme Sommertage oder wärmende Seelenschmeichler im dunklen Winter. Von Gazpacho bis zum cremigen Kürbis, aus jedem Gemüse kann in wenigen Minuten und unter Zuhilfenahme eines Stabmixers eine fein pürierte Suppe hergestellt werden. Die Vielfalt an gesundem Grün und Feldfrüchten macht es möglich sich ausgewogen und abwechslungsreich zu ernähren. Mit Croutons als Crunch und sättigende Beilage oder Käse für den besonderen Geschmack wird aus Suppen schnell eine Mahlzeit die auch als Büromahlzeit gut geeignet ist, wenn Sie sie dort aufwärmen können.

121. Dicke Gemüsesuppe

Kalorien: 408 kcal | Fett: 12 g | Kohlenhydrate: 47 g | Eiweiß: 25 g

Zubereitungszeit: 30 min
Portionen: 2
Schwierigkeit: leicht

Zutaten:

- 600 ml Gemüsebrühe
- 75 g Vollkorn-Suppennudeln
- 420 g weiße Bohnen aus der Dose
- 2 Knoblauchzehen
- 1 Zwiebel
- 2 Stangen Staudensellerie
- 2 Zucchini
- 100 g Spitzkohl
- 2 Tomaten
- 200 g Erbsen
- 25 g Parmesan
- 1 EL Olivenöl
- Salz und Pfeffer nach Geschmack

Zubereitung:

1. Die Suppennudeln nach Packungsanweisung bissfest garen.

2. Zwiebel und Knoblauch schälen und fein hacken.

3. Das restliche Gemüse waschen und in mundgerechte Stücke schneiden.

4. Das Öl in einem Topf erhitzen und die Zwiebeln mit dem Knoblauch darin glasig dünsten. Außer den Tomaten alles Gemüse dazugeben und weitere drei Minuten andünsten. Dann mit der Gemüsebrühe aufgießen und für 15 Minuten kochen lassen.

5. Jetzt die vorgegarten Suppennudeln, die Bohnen aus der Dose und die Tomaten dazufügen. Einmal aufkochen lassen und mit Salz und Pfeffer abschmecken.

6. Den Parmesan über die Suppe reiben, unterrühren und sofort servieren.

122. Griechische Reissuppe

Kalorien: 189 kcal | Fett: 4 g | Kohlenhydrate: 29 g | Eiweiß: 7 g

Zubereitungszeit: 30 min
Portionen: 2
Schwierigkeit: leicht

Zutaten:

- 1 Karotte
- 60 g Langkornreis
- 600 ml Gemüsebrühe
- 1 Staudensellerie
- 1 Ei
- 1 TL glatte Petersilie
- 1 Zitrone
- Salz, Pfeffer und Muskatnuss nach Geschmack

Zubereitung:

1. Die Karotte waschen, eventuell schälen und in dünne Scheiben schneiden.

2. Karottenscheiben, Reis und Gemüsebrühe in einem Topf zum Kochen bringen, aufkochen lassen, Hitze reduzieren und zugedeckt auf kleiner Flamme für zehn Minuten köcheln lassen.

3. Inzwischen die Staudensellerie waschen und in Scheiben schneiden. Gleich zur Suppe hinzufügen und mitkochen lassen.

4. Die Zitrone heiß waschen, trockenreiben und etwa einen Teelöffel Schale abreiben. Die Hälfte der Zitrone danach auspressen.

5. Die Petersilie waschen und fein hacken.

6. Die Suppe von der heißen Platte nehmen und mit Salz und Pfeffer abschmecken. Danach etwa eine Suppentasse voll entnehmen und für zwei Minuten abkühlen lassen.

7. Dabei das Ei mit dem Zitronensaft verquirlen und nach und nach die Suppe unterrühren.

8. Die Eier-Zitronen-Suppen-Mischung nun nach und nach in die Suppe im Topf rühren und noch einmal erhitzen, aber nicht mehr aufkochen.

9. Muskatnuss über die Suppe reiben und die gehackte Petersilie unterrühren.

123. Linsencremesuppe

Kalorien: 507 kcal | Fett: 17 g | Kohlenhydrate: 62 g | Eiweiß: 23 g

Zubereitungszeit: 30 min
Portionen: 2
Schwierigkeit: leicht

Zutaten:

- 1 Zwiebel
- 100 g Kartoffeln
- 100 g Karotten
- 2 EL Rapsöl
- 1 TL mildes Currypulver
- 160 g rote Linsen
- 1 EL Schmand
- 1 TL Butter
- 1 Scheibe Vollkorntoast
- Salz und Pfeffer nach Geschmack

Zubereitung:

1. Die Zwiebel schälen und fein hacken.

2. Kartoffeln und Karotten waschen, schälen und in mundgerechte Stücke schneiden.

3. In einem Topf einen Esslöffel Öl erhitzen und die Zwiebel mit dem Currypulver darin anrösten. Wenn die Zwiebel glasig wird mit 600 ml Wasser aufgießen.

4. Die Kartoffeln und Karotten dazugeben, Deckel schließen und für fünf Minuten garen lassen. Dann die Linsen zufügen und noch einmal fünf Minuten köcheln lassen. Gegebenenfalls die Hitze reduzieren.

5. Inzwischen das Toastbrot in kleine Würfel schneiden und in einer Pfanne mit der Butter und dem zweiten Esslöffel Öl zu Croutons rösten.

6. Den Schmand in die Suppe einrühren und mit Salz und Pfeffer abschmecken.

7. Die Suppe auf zwei Suppenteller verteilen und mit den Croutons dekorieren.

124. Karotten-Mango-Suppe

Kalorien: 265 kcal | Fett: 17 g | Kohlenhydrate: 23 g | Eiweiß: 3 g

Zubereitungszeit: 30 min
Portionen: 2
Schwierigkeit: leicht

Zutaten:

- 125 ml Kokosmilch
- 400 g Karotten
- 30 g Ingwer
- ½ Mango
- 1 Stange Frühlingszwiebel
- 1 TL Olivenöl
- Salz und Pfeffer nach Geschmack

Zubereitung:

1. Den Ingwer schälen und fein hacken.

2. Die Karotten waschen, schälen und in kleine Würfel schneiden.

3. Das Öl in einem Topf kurz erhitzen und den Ingwer mit den Karotten für fünf Minuten darin dünsten lassen.

4. 500 ml Wasser in den Topf füllen und bei mittlerer Hitze für etwa 15 Minuten köcheln.

5. Inzwischen die Mango schälen, das Fruchtfleisch vom Kern lösen und in kleine Würfel schneiden. Dabei zwei kleine schöne Scheiben zur Dekoration beiseitelegen.

6. Die Kokosmilch mit den Mango Würfeln zur Suppe dazugeben und mit dem Stabmixer fein pürieren. Mit Salz und Pfeffer abschmecken.

7. Die Frühlingszwiebel putzen und in feine Ringe schneiden.

8. Die Suppe in zwei Suppentassen anrichten, die Zwiebelringe und die Mango Scheiben zur Dekoration darauf platzieren und sofort servieren.

Tipp: Die restliche Mango am nächsten Tag zum Frühstück servieren oder in den Salat schneiden und einen Hauch Exotik mit den grünen Blättern genießen.

125. Kürbissuppe

Kalorien: 446 kcal | Fett: 34 g | Kohlenhydrate: 25 g | Eiweiß: 9 g

Zubereitungszeit: 30 min
Portionen: 2
Schwierigkeit: leicht

Zutaten:

- 250 g Kürbisfleisch
- 100 g mehlig kochende Kartoffel
- 1 Schalotte
- 1 Knoblauchzehe
- 1 rote Chili
- 500 ml Gemüsebrühe
- 80 g Walnusskerne
- 10 g Salbeiblätter
- 100 g Creme Fraiche
- Salz, Pfeffer, Ras-El-Hanout nach Geschmack

Zubereitung:

1. Das Kürbisfleisch würfelig schneiden.

2. Kartoffel, Zwiebel und Knoblauch schälen und alles gemeinsam fein hacken. Die Chilischote halbieren, die Kerne entfernen und ebenso mithacken.

3. Etwas Öl in einem Topf erhitzen und die Schalotte mit dem Knoblauch und dem Chili darin für etwa zwei Minuten andünsten.

4. Das Kürbisfleisch und die gehackte Kartoffel dazugeben und noch einmal zwei Minuten dünsten bevor mit der Gemüsebrühe aufgegossen wird.

5. Bei mittlerer Hitze nun für gut 15 Minuten weich dünsten.

6. Inzwischen die Walnusskerne hacken und in einer Pfanne ohne Fett anrösten. Mit Salz, Pfeffer und Ras-El-Hanout abschmecken.

7. Die Suppe mit dem Stabmixer pürieren und etwa ¾ der Creme Fraiche dazugeben. Unterrühren und auch die Suppe abschmecken.

8. Die fertige Suppe auf zwei Teller verteilen und mit einem Klecks Creme Fraiche, den gerösteten und gewürzten Walnüssen und den Salbeiblättern dekoriert servieren.

126. Grüne Kokos-Suppe

Kalorien: 257 kcal | Fett: 20 g | Kohlenhydrate: 10 g | Eiweiß: 8 g

Zubereitungszeit: 20 min
Portionen: 2
Schwierigkeit: leicht

Zutaten:

- 300 ml Gemüsebrühe
- 100 ml Kokosmilch
- 1 EL Kokosöl
- ½ Zucchini
- ½ Brokkoli
- 100 g gegarte Kartoffel von den Vortagen
- 20 g Ingwer
- ½ TL Chiasamen
- 1 TL Leinsamen
- Salz, Pfeffer und Zitronensaft zum Abschmecken
- Minze zum Dekorieren

Zubereitung:

1. Die Zucchini und den Brokkoli waschen und klein schneiden.

2. Den Ingwer schälen und fein hacken.

3. Die Kartoffel, soweit nicht geschält, nachholen und klein schneiden.

4. Das Kokosöl in einem Topf erhitzen und das Gemüse mit dem Ingwer darin für gut zwei Minuten andünsten. Danach mit der Gemüsebrühe aufgießen und auch die Kartoffelwürfel dazugeben.

5. Bei reduzierter Hitze alles für gut zehn Minuten köcheln lassen.

6. Die Kokosmilch zur Suppe fügen und mit dem Stabmixer alles in feine Püree Suppe verwandeln. Danach mit Salz, Pfeffer und eventuell einem Spritzer Zitronensaft abschmecken.

7. Die Suppe auf zwei Suppenteller verteilen und mit den Samen und den Minze Blättern dekorieren und servieren.

Tipp: Sie können die Samen auch weglassen und anders dekorieren.

127. Spinatsuppe mit Quinoa

Kalorien: 273 kcal | Fett: 7 g | Kohlenhydrate: 38 g | Eiweiß: 13 g

Zubereitungszeit: **30 min**
Portionen: **2**
Schwierigkeit: **leicht**

Zutaten:

- 100 g Quinoa
- 250 g Blattspinat
- 200 g Knollensellerie
- 1 Zwiebel
- 1 Knoblauchzehe
- 1 Spritzer Zitronensaft
- 250 ml Gemüsebrühe
- 75 g Joghurt (1,5 % Fett)
- Salz und Pfeffer nach Geschmack
- 3 milde grüne Peperoni aus dem Glas

Zubereitung:

1. Quinoa laut Packungsanleitung für etwa 15 Minuten bissfest garen.

2. Inzwischen den Spinat waschen und in kochendem Wasser für etwa zwei Minuten blanchieren. Danach sofort mit etwas Zitronensaft im Mixer pürieren.

3. Sellerie, Zwiebeln und Knoblauch schälen und in kleine Würfel schneiden.

4. Etwas Öl in einem Topf erhitzen und die drei Gemüsesorten darin anbraten. Mit der Brühe ablöschen und einmal aufkochen lassen, danach die Hitze reduzieren und für etwa zehn Minuten köcheln.

5. Inzwischen die Peperoni nach Wunsch in Röllchen schneiden.

6. Etwa vier Esslöffel fertig gegarten Quinoa in die Suppe geben und die Suppe pürieren, danach das restliche Quinoa und den bereits pürierten Spinat in die Suppe geben und noch einmal aufkochen lassen.

7. Die Suppe mit Salz und Pfeffer abschmecken, auf zwei Suppentassen verteilen und mit einem Klecks Joghurt, sowie den Peperoni Ringen dekoriert servieren.

128. Kartoffelsuppe

Kalorien: 417 kcal | Fett: 26 g | Kohlenhydrate: 30 g | Eiweiß: 12 g

Zubereitungszeit: 25 min
Portionen: 4
Schwierigkeit: leicht

Zutaten:

- 600 g Kartoffeln
- 150 g gemahlene Mandeln
- 1 Zwiebel
- 1 Knoblauchzehe
- 1 l Gemüsebrühe
- 2 EL Kokosöl
- 1 Zitrone
- ½ Bund Schnittlauch
- Salz und Pfeffer nach Geschmack

Zubereitung:

1. Die Zwiebel und den Knoblauch schälen und fein hacken.

2. Die Kartoffeln waschen, schälen und in Würfel schneiden.

3. Das Öl in einem Topf erhitzen und die Kartoffeln, mitsamt Zwiebeln und Knoblauch darin für gut fünf Minuten andünsten. Leicht salzen und pfeffern.

4. Mit der Gemüsebrühe auffüllen und für gut 15 Minuten leicht köcheln lassen.

5. Inzwischen den Schnittlauch waschen und in Ringe schneiden.

6. Die gemahlenen Mandeln unter die Suppe rühren und mit einem Stabmixer zu einer feinen Cremesuppe pürieren.

7. Die Zitrone halbieren und eine Hälfte auspressen.

8. Die Suppe noch einmal mit Zitronensaft, Salz und Pfeffer abschmecken und servieren. Mit den Schnittlauchröllchen dekorieren.

Tipp: Eine schöne Dekoration sind auch ein Esslöffel Mandelblättchen in einer fettfreien Pfanne leicht braun angeröstet.

129. Pilzsuppe

Kalorien: 195 kcal | Fett: 18 g | Kohlenhydrate: 3 g | Eiweiß: 5 g

Zubereitungszeit: **30 min**
Portionen: **4**
Schwierigkeit: **leicht**

Zutaten:

- 10 g getrocknete Steinpilze
- 300 g gemischte, frische Pilze
- 1 Knoblauchzehe
- 2 EL Butter
- 500 m Gemüsebrühe
- 150 ml Schlagsahne
- Salz und Pfeffer, sowie Muskatnuss nach Geschmack
- 100 g geputzte Steinpilze zur Dekoration
- 5 EL gehackte Petersilie zur Dekoration

Zubereitung:

1. 200 ml Wasser erhitzen und die getrockneten Steinpilze für gut zehn Minuten darin einweichen.

2. Inzwischen die gemischten Pilze putzen und würfelig schneiden.

3. Die Butter in einer Pfanne schmelzen und die Pilze darin anbraten.

4. Den Knoblauch schälen und durch eine Knoblauchpresse zu den Pilzen geben.

5. Die Steinpilze im Einweichwasser und die Gemüsebrühe zum Ablöschen verwenden und alles noch einmal aufkochen lassen.

6. Die Hitze etwas reduzieren und für etwa zehn Minuten weiterköcheln, bevor Sie mit dem Stabmixer alles fein pürieren.

7. Die Schlagsahne dazugeben und noch einmal aufkochen lassen. Jetzt mit Salz, Pfeffer und Muskatnuss abschmecken.

8. Auf Suppenteller verteilen und mit der gehackten Petersilie, sowie den frischen Steinpilzen dekorieren.

Tipp: Sie können diese Suppe auch nur aus Champignons zubereiten.

130. Gazpacho

Kalorien: 182 kcal | Fett: 15 g | Kohlenhydrate: 7 g | Eiweiß: 2 g

Zubereitungszeit: 30 min
Portionen: 4
Schwierigkeit: leicht

Zutaten:

- 300 g Fleischtomaten
- 1 rote Paprika
- 1 kleine gelbe Paprika
- 1 Salatgurke
- 1 rote Pfefferschote
- 1 Knoblauchzehe
- 1 EL Tomatenmark
- 1 EL Zitronensaft
- 4 EL Olivenöl
- Salz, Pfeffer und Zucker nach Geschmack
- Minze zum Dekorieren

Zubereitung:

1. Die Tomaten waschen, vierteln und die Stielansätze entfernen.

2. Die rote Paprika, die Gurke und die Pfefferschote waschen und die Kerne entfernen, grob würfelig schneiden.

3. Die Knoblauchzehe schälen und halbieren.

4. Das so vorbereitete Gemüse in den Mixer geben, das Olivenöl dazufügen und das Tomatenmark. Auf höchster Stufe fein pürieren und eventuell etwas Wasser dazufügen, um die Suppe flüssiger zu gestalten.

5. Mit Salz und Pfeffer, dem Zitronensaft und eventuell einer Prise Zucker abschmecken und kaltstellen.

6. Die kleine gelbe Paprika waschen, die Kerne halbieren und in kleine Würfel schneiden.

7. Die Minze Blätter waschen und trockenschleudern.

8. Die Gazpacho in Gläser füllen, eventuell mit Crashed Ice und mit der gelben Paprika, sowie der Minze dekorieren.

Tipp: Für scharfe Gemüter mit Tabasco abschmecken.

131. Gurkenkaltschale

Kalorien: 204 kcal | Fett: 16 g | Kohlenhydrate: 7 g | Eiweiß: 6 g

Zubereitungszeit: **15 min**
Portionen: **12**
Schwierigkeit: **leicht**

Zutaten:

- 1 Avocado
- 1 kleine Salatgurke
- 2 Frühlingszwiebeln
- 1 Limette
- 150 g Joghurt (0,5 % Fett)
- 300 ml Gemüsebrühe
- 2 EL vegetarischer Kaviar und 1 Bund Schnittlauch zur Dekoration
- Salz und Pfeffer nach Geschmack

Zubereitung:

1. Das Gemüse über Nacht im Kühlschrank lagern und sehr kalt am nächsten Tag verarbeiten.

2. Die Avocado halbieren, den Kern entfernen und das Fruchtfleisch mit einem Suppenlöffel auslösen.

3. Die Salatgurke waschen und in grobe Stücke schneiden.

4. Die Frühlingszwiebeln putzen und ebenfalls grob schneiden.

5. Avocado, Gurke und Zwiebeln gemeinsam mit der Gemüsebrühe und dem Joghurt in den Mixer geben und fein pürieren.

6. Die Limette auspressen und die Suppe mit Salz und Pfeffer abschmecken.

7. Den Schnittlauch waschen und in feine Röllchen schneiden.

8. Die Kaltschale auf Teller oder Gläser verteilen und mit dem Kaviar und den Schnittlauchröllchen dekorieren.

Tipp: Diese Kaltschale ist perfekt geeignet für die Party am nächsten Tag oder den heißen Sommernachmittag.

132. Erbsensuppe mit Feta

Kalorien: 535 kcal | Fett: 40 g | Kohlenhydrate: 23 g | Eiweiß: 21 g

Zubereitungszeit: 15 min
Portionen: 2
Schwierigkeit: leicht

Zutaten:

- 300 g Tiefkühl-Erbsen
- 200 ml Gemüsebrühe
- 100 g Feta
- 100 g Sahne
- 1 Schalotte
- 1 Knoblauchzehe
- 2 EL Olivenöl
- 4 Stiele Dill
- Salz, Pfeffer und Chiliflocken nach Geschmack
- 1 TL schwarzer Sesam zur Dekoration

Zubereitung:

1. Die Schalotte und den Knoblauch schälen und fein hacken.

2. Das Öl in einem Topf erhitzen und die fein gehackte Schalotte mit dem Knoblauch darin für gut drei Minuten andünsten.

3. Die Erbsen dazugeben und weitere drei Minuten dünsten.

4. Nun die Gemüsebrühe aufgießen und für gut fünf Minuten köcheln lassen, damit die Erbsen gar werden.

5. Inzwischen kann der Dill gewaschen werden und klein gezupft, sowie der Feta mit den Fingern in Brösel gebrochen.

6. Die Sahne zur Suppe gießen und die Hälfte der Dillspitzen zufügen. Danach alles mit dem Stabmixer fein pürieren und mit Salz, Pfeffer und Chiliflocken abschmecken.

7. In Suppentassen anrichten und mit dem zerbröselten Feta bestreuen. Mit dem Rest der Dille und dem schwarzen Sesam dekorieren und servieren.

Tipp: Anstelle der Erbsen können Sie auch Tiefkühlspinat für diese Suppe verwenden.

133. Spargelsuppe

Kalorien: 162 kcal | Fett: 13 g | Kohlenhydrate: 4 g | Eiweiß: 5 g

Zubereitungszeit: 30 min
Portionen: 2
Schwierigkeit: leicht

Zutaten:

- 300 g Spargel
- 750 ml Wasser
- 1 kleines Eigelb
- 4 EL Sahne
- Salz, Pfeffer und Zucker nach Geschmack
- Zitronensaft oder Weißwein zum Abrunden

Zubereitung:

1. Den Spargel schälen und in etwa gleich große mundgerechte Stücke schneiden. Die Spargelspitzen beiseitelegen.

2. Den Spargel mit dem Wasser und einer Prise Zucker zum Kochen bringen, die Hitze reduzieren und für gut zehn Minuten köcheln lassen.

3. Inzwischen das Eigelb mit der Sahne verquirlen.

4. Die Suppe nach etwa zehn Minuten mit dem Stabmixer pürieren und mit der Eigelb-Sahne Mischung legieren. Nicht mehr aufkochen, nur bei schwacher Hitze unterrühren.

5. Die zuvor beiseitegelegten Spargelspitzen wieder in die Suppe geben, etwas warm werden lassen und alles mit Salz und Pfeffer abschmecken.

6. Eventuell mit einem Spritzer Weißwein oder Zitronensaft für ein volleres Aroma sorgen.

Tipp: Ob Croutons oder geröstete Brotscheiben oder einfach frisch aufgeschnittenes Baguette. Diese schnelle Suppe lässt sich vielfältig variieren.

134. Zwiebelsuppe

Kalorien: 271 kcal | Fett: 10 g | Kohlenhydrate: 31 g | Eiweiß: 9 g

Zubereitungszeit: 30 min
Portionen: 1
Schwierigkeit: leicht

Zutaten:

- 150 g rote Zwiebeln
- 1 TL Butter
- 80 ml Weißwein
- 350 ml Gemüsebrühe
- 1 Scheibe Vollkorntoastbrot
- 1 Knoblauchzehe
- 1 EL geriebener Bergkäse
- Salz und Pfeffer nach Geschmack

Zubereitung:

1. Die Zwiebeln schälen, halbieren und feine Scheiben schneiden.

2. Den Backofen auf 220 Grad Ober- und Unterhitze vorheizen.

3. Die Butter in einem Topf schmelzen und die Zwiebeln darin glasig dünsten.

4. Mit dem Weißwein ablöschen und mit der Gemüsebrühe aufgießen. Hitze reduzieren und zudecken, dann für etwa 20 Minuten garen lassen.

5. Inzwischen das Brot toasten und den Knoblauch schälen.

6. Die Knoblauchzehe halbieren und das getoastete Brot damit einreiben.

7. Den Käse auf das Toastbrot legen und im Ofen gratinieren.

8. Wenn der Käse geschmolzen ist, die Suppe mit Salz und Pfeffer abschmecken, in einen Teller füllen und mit dem überbackenen Brot servieren.

Tipp: Vor allem wenn Sie eine größere Menge herstellen und Freunde oder Familie beeindrucken wollen, warten Sie mit dem Überbacken bis die Suppe fertig ist. Dann verteilen Sie diese auf feuerfeste Suppentassen und legen das Toastbrot, passend zurechtgeschnitten, auf die Suppe und gratinieren dann.

135. Paprikacreme mit Reis

Kalorien: 403 kcal | Fett: 17 g | Kohlenhydrate: 53 g | Eiweiß: 8 g

Zubereitungszeit: **20 min**
Portionen: **2**
Schwierigkeit: **leicht**

Zutaten:

- 200 g Natur-Langkornreis
- 250 g Tomaten
- 250 g Paprika
- 2 EL Paprikamark
- 1 EL Ketchup
- 100 ml Gemüsebrühe
- 370 g gegrillte Paprikaschoten aus dem Glas
- 2 Avocados
- 2 EL Sahne
- Salz und Pfeffer nach Geschmack
- Basilikum zum Dekorieren

Zubereitung:

1. Den Reis nach Packungsangabe garen.

2. Tomaten und Paprika überbrühen und häuten, dann halbieren und entkernen.

3. Die Paprikaschoten aus dem Glas abtropfen lassen.

4. Paprika- und Tomatenfleisch des frischen Gemüses gemeinsam mit den Paprikaschoten, dem Paprikamark, Ketchup und der Brühe in einem Topf erhitzen und einmal aufkochen lassen.

5. Hitze wieder reduzieren und mit dem Stabmixer fein pürieren. Mit Salz und Pfeffer abschmecken.

6. Die Avocados halbieren, die Kerne entfernen, das Fruchtfleisch schälen und in Würfel schneiden.

7. Avocado Würfel und Sahne zur Suppe geben und nochmal gut durchrühren und auch noch den Reis dazufügen. Eventuell noch einmal neu abschmecken.

8. Die Suppe auf Teller verteilen mit dem Basilikum dekorieren und servieren.

Aufstriche und Soßen

Ob schnell zu einer Portion Nudeln oder als Dip für Gemüseplatten, Aufstriche und Soßen machen oft das Tüpfelchen auf das i eines gelungenen Mahles. Pestos, Dips, Aufstriche und Soßen für viele weitere Ideen zu einer abwechslungsreichen Ernährung aus der grünen Küche. Pestos haben vor allem im Sommer Saison, wenn die Beete im Garten jede Menge Blätter an den Kräuterstauden bringen. Nüsse oder Kerne fein gehackt vermischt mit gutem Öl und Käse nach Geschmack bringt die Geschmacksknospen auch bei einfachen Gerichten zum Singen. Süße Aufstriche und schokoladige Cremes lassen Sie bei Ihren Kindern punkten und Sie wissen, ein Nachschlag bringt nur ein wenig mehr an Energie, aber keine unnötigen Zusatzstoffe. Dips für Gartenpartys oder Gemüsesticks und Wraps runden die Zusammenstellung dieser Kategorie an Rezepten ab.

136. Pistazien-Basilikum-Pesto

Kalorien: 165 kcal | Fett: 15 g | Kohlenhydrate: 5 g | Eiweiß: 1 g

Zubereitungszeit: **25 min**
Portionen: **4**
Schwierigkeit: **leicht**

Zutaten:

- 40 g kandierter Ingwer
- 25 g Basilikum Blätter
- 1 EL brauner Zucker
- 50 Pistazienkerne
- 1 TL Limettenschale
- 6 EL Sonnenblumenöl
- 6 EL Pistazien Öl

Zubereitung:

1. Den kandierten Ingwer klein hacken.

2. Die Basilikumblätter waschen und trockenschleudern.

3. Den Ingwer, mit dem Basilikum, dem Zucker und den Pistazien im Mixer oder Blitzhacker im Impuls Modus fein hacken.

4. Eine Limette heiß waschen und trockenreiben. Etwa einen Teelöffel Schale abreiben und in die gehackte Masse geben.

5. Die beiden Öle langsam unter die Masse mischen und in ein verschließbares Glas umfüllen.

Tipp: Wenn das Glas zu groß ist und zu viel Luft bleibt, dann mit neutralem Öl weiter auffüllen. Das Pesto hält sich im Kühlschrank für gut 1 Woche, kann aber nachdunkeln.

137. Basilikum-Pesto

Kalorien: 130 kcal | Fett: 13 g | Kohlenhydrate: 1 g | Eiweiß: 2 g

Zubereitungszeit: 15 min
Portionen: 10
Schwierigkeit: leicht

Zutaten:

- 2 Bund Basilikum
- 30 g Pinienkerne
- 40 g Parmesan
- 3 Knoblauchzehen
- 100 ml Olivenöl
- Salz und Pfeffer nach Geschmack

Zubereitung:

1. Die Pinienkerne in einer Pfanne ohne Fett goldbraun anrösten.

2. Den Parmesan fein reiben.

3. Die Blätter vom Basilikum zupfen und grob durchhacken.

4. Den Knoblauch schälen und ebenfalls grob hacken.

5. Die Zutaten gemeinsam in einem hohen Gefäß mit dem Pürierstab zu einer cremigen Masse pürieren.

6. Mit Salz und Pfeffer abschmecken und danach in ein verschließbares Glas umfüllen. Gegebenenfalls mit Olivenöl etwas auffüllen.

Tipp: Das Pesto hält sich etwa drei Tage gut im Kühlschrank. Wenn Sie Pesto länger lagern wollen, weil Sie Basilikum im Garten haben und ihn ernten möchten, dann mischen Sie erstmal nur Knoblauch, Öl und die Basilikumblätter. Geben Sie den Käse und die Pinienkerne immer frisch nach Bedarf dazu.

138. Walnuss-Pesto

Kalorien: 488 kcal | Fett: 52 g | Kohlenhydrate: 1 g | Eiweiß: 4 g

Zubereitungszeit: 20 min
Portionen: 8
Schwierigkeit: leicht

Zutaten:

- 150 g Walnüsse
- 1 Knoblauchzehe
- 1 grüne Chilischote
- 40 g Pecorino
- 5 Stiele glatte Petersilie
- 200 ml Olivenöl
- 1 Zitrone
- 100 ml Olivenöl
- Meersalz nach Geschmack

Zubereitung:

1. Den Knoblauch schälen und grob hacken.

2. Die Walnüsse und den Pecorino grob hacken.

3. Die Blätter von der Petersilie zupfen und ebenfalls hacken.

4. Die Chilischote waschen, eventuell entkernen und hacken.

5. Alle Zutaten mit dem Olivenöl in ein zum Mixen geeignetes Gefäß geben und mit dem Stabmixer fein pürieren.

6. Die Zitrone heiß waschen, trockenreiben und etwas von der Schale abreiben.

7. Das Pesto mit Meersalz und der Zitronenschale abschmecken und das Olivenöl unterrühren.

8. In ein verschließbares Gefäß geben und schnellstmöglich verbrauchen.

Tipp: Welchen Hartkäse Sie für Ihr Pesto verwenden bleibt Ihrem Geschmack überlassen. Testen Sie sich einfach im Laufe eines Kräutersommers durch.

139. Rotes Pesto

Kalorien: 137 kcal | Fett: 10 g | Kohlenhydrate: 5 g | Eiweiß: 5 g

Zubereitungszeit: **20 min**
Portionen: **4**
Schwierigkeit: **leicht**

Zutaten:

- 30 g getrocknete Tomaten, ohne Öl
- 1 EL rote Linsen
- 1 El Mandelkerne
- 1 Knoblauchzehe
- 1 EL Tomatenmark
- 20 g Parmesan
- 3 Stiele Basilikum
- 2 EL Olivenöl
- Salz und Cayennepfeffer zum Abschmecken

Zubereitung:

1. Die getrockneten Tomaten klein hacken und mit den Linsen in einen Topf mit 120 ml Wasser geben. Einmal aufkochen lassen und dann bei reduzierter Hitze für zehn Minuten ausquellen.

2. Inzwischen die Mandeln hacken und in einer Pfanne ohne Fett anrösten.

3. Die Blätter des Basilikums abzupfen und grob hacken.

4. Den Knoblauch schälen und ebenfalls hacken.

5. Den Parmesan fein reiben.

6. Tomaten und Linsen mit dem Tomatenmark, dem Olivenöl und den Mandeln in ein hohes Gefäß geben und mit dem Pürierstab mixen.

7. Das gehackte Basilikum dazugeben und noch einmal durchpürieren.

8. Jetzt den geriebenen Parmesan unterheben und mit Salz und Cayennepfeffer abschmecken.

Tipp: Da dieses Pesto länger als eine Woche haltbar und außerdem ein gutes Mitbringsel ist, lohnt es sich gleich mehr davon herzustellen und es in kleinen Schraubgläsern im Kühlschrank aufzubewahren.

140. Guacamole

Kalorien: 456 kcal | Fett: 33 g | Kohlenhydrate: 29 g | Eiweiß: 7 g

Zubereitungszeit: 15 min
Portionen: 1
Schwierigkeit: leicht

Zutaten:

- 2 Avocados
- 100 g Tomaten
- 1 Knoblauchzehe
- 1 milde rote Chilischote
- 2 EL Olivenöl
- 2 EL Zitronensaft
- 4 Stiele Koriander
- Salz und Pfeffer nach Geschmack

Zubereitung:

1. Die Avocados halbieren und die Kerne entfernen, danach das Fruchtfleisch aus der Schale lösen.

2. Die Tomaten waschen, halbieren und die Kerne mit einem Teelöffel entfernen, danach das Fruchtfleisch klein würfeln.

3. Die Knoblauchzehe schälen und fein hacken.

4. Die Blätter des Korianders abzupfen und ebenfalls fein hacken.

5. Die Chilischote halbieren, entkernen und wieder fein hacken.

6. Nun die Zutaten bis auf die Tomatenwürfel und den fein gehackten Koriander mit dem Pürierstab in eine cremige Konsistenz mixen und erst danach die Tomaten und den Koriander mit einem Löffel unterrühren.

7. Mit Salz, Pfeffer und dem Zitronensaft abschmecken.

Tipp: Wenn Sie nicht die gesamte Guacamole aufbrauchen, dann bewahren Sie sie im Kühlschrank auf, aber legen sie einen der vorher entfernten Kerne in die Mitte der Creme, sie soll sich so nicht dunkel verfärben.
Dies gilt auch, wenn Sie nur eine halbe Avocado benötigen, belassen Sie den Kern in der zweiten Hälfte.

141. Dattel-Frischkäse-Dip

Kalorien: 246 kcal | Fett: 20 g | Kohlenhydrate: 10 g | Eiweiß: 4 g

Zubereitungszeit: **15 min**
Portionen: **6**
Schwierigkeit: **leicht**

Zutaten:

- 70 g getrocknete Datteln
- 180 g Frischkäse
- 150 g Schmand
- 1 TL Ras-El-Hanout
- 50 g Walnusskerne
- Zitronensaft, Salz und Pfeffer nach Geschmack

Zubereitung:

1. Die Datteln halbieren, den Stein entfernen und grob hacken.

2. Datteln, Frischkäse, Schmand und Ras-El-Hanout im Mixer fein pürieren und mit Salz, Pfeffer und eventuell Zitronensaft abschmecken.

3. Die Walnüsse hacken und in einer Pfanne ohne Fett anrösten.

4. Erst kurz vor dem Servieren die Nüsse unter den Dip rühren und ein wenig davon als Dekoration zurückbehalten.

Tipp: Vor allem wenn Sie auf Vorrat produzieren, die Nüsse immer erst vor dem Servieren zufügen, sonst können Ihre Pestos und Cremes leicht ranzig werden.

142. Zucchini-Dip

Kalorien: 35 kcal | Fett: 2 g | Kohlenhydrate: 1 g | Eiweiß: 1 g

Zubereitungszeit: 30 min
Portionen: 8
Schwierigkeit: leicht

Zutaten:

- 300 g Zucchini
- 150 g griechischer Joghurt
- 4 Stiele Minze
- 1 Zitrone
- Salz und Pfeffer nach Geschmack

Zubereitung:

1. Die Zucchini waschen und grob raspeln. Mit Salz mischen und in einem Sieb verrühren und für etwa 20 Minuten abtropfen lassen.

2. Inzwischen die Zitrone heiß waschen, trockenreiben und etwa einen Teelöffel der Schale abreiben, danach auspressen.

3. Die Minze abzupfen und fein hacken.

4. Die Zucchini nochmal gut ausdrücken und mit den restlichen Zutaten mischen.

5. Gut verrührt noch einmal mit Salz und Pfeffer und ein wenig Zitronensaft abschmecken.

Tipp: Dieser Dip mit Gurke und fein gehacktem Knoblauch ähnelt einem Zaziki.

143. Carob-Nuss-Aufstrich

Kalorien: 1565 kcal | Fett: 18 g | Kohlenhydrate: 142 g | Eiweiß: 18 g

Zubereitungszeit: 15 min
Portionen: 1 Glas
Schwierigkeit: leicht

Zutaten:

- 100 g Margarine
- 100 g gemahlene Cashew-Nüsse
- 2 EL Yacon-Sirup
- 2 EL Carob Pulver
- ¼ TL Bourbon-Vanille
- 1 EL Olivenöl

Zubereitung:

1. Die Margarine mit dem Handmixer schaumig rühren und nacheinander die Nüsse und das Carob Pulver untermischen.

2. Danach die Vanille und den Yacon-Sirup unterrühren und dabei verkosten, wann Ihr Geschmack erreicht ist.

3. Für mehr Streichfähigkeit das Olivenöl anwärmen und zum Schluss noch unterrühren.

4. In ein Schraubglas füllen und im Kühlschrank aufbewahren.

Tipp: Sie können alternativ auch mit entöltem Kakaopulver arbeiten und für die Süße auf pürierte Datteln zurückgreifen.

144. Rhabarber-Himbeer-Creme

Kalorien: 165 kcal | Fett: 1 g | Kohlenhydrate: 34 g | Eiweiß: 0,6 g

Zubereitungszeit: 25 min
Portionen: 6
Schwierigkeit: leicht

Zutaten:

- 100 g Rhabarber
- 150 g Himbeeren
- 20 g gehackte Mandeln
- 150 g Gelierzauber
- 2 EL Zitronensaft

Zubereitung:

1. Rhabarber putzen, waschen und in kleine Würfel schneiden.

2. Mit dem Zitronensaft in einen Topf geben und zudecken, einmal aufkochen lassen und die Hitze reduzieren.

3. Für etwa fünf Minuten weiterköcheln lassen.

4. Die Mischung in einen Mixer geben und mit den Himbeeren pürieren.

5. Die Mandeln ohne Fett in einer Pfanne rösten und zu den Früchten gemeinsam mit dem Gelierzauber geben.

6. Noch einmal pürieren und in verschließbare Gläser füllen.

Tipp: Gelierzauber hilft, die Früchte auch ohne langes Kochen in eine cremige Konsistenz zu verwandeln und die Haltbarkeit zu erhöhen.

145. Tofu Oliven Paste

Kalorien: 998 kcal | Fett: 94 g | Kohlenhydrate: 14 g | Eiweiß: 14 g

Zubereitungszeit: 10 min
Portionen: 1 Glas
Schwierigkeit: leicht

Zutaten:

- 100 g Tofu
- 150 g schwarze Oliven ohne Stein
- 1 Knoblauchzehe
- 100 ml Sojasahne
- 1 TL Kapern aus dem Glas
- ½ Bund Petersilie
- 2 EL Kokosöl
- Salz und Pfeffer nach Geschmack

Zubereitung:

1. Den Knoblauch schälen und gemeinsam mit den Oliven fein hacken.

2. Die Kapern abtropfen lassen und ebenfalls fein hacken.

3. Die Petersilie waschen, die groben Stiele abschneiden und fein hacken.

4. Oliven, Knoblauch, Kapern und Petersilie mit dem Kokosöl verrühren.

5. Tofu und Sojasahne gemeinsam pürieren und mit dem Olivenmix gut vermischen.

6. Mit Salz und Pfeffer abschmecken.

7. In ein Schraubglas füllen und im Kühlschrank lagern.

Tipp: Passt zu vielen Brötchen gemeinsam mit Salat und Tomaten und lässt sich auch gut ins Büro mitnehmen.

146. Hummus

Kalorien: 357 kcal | Fett: 13 g | Kohlenhydrate: 36 g | Eiweiß: 22 g

Zubereitungszeit: **10 min, 1 Nacht Einweichzeit, 90 min Kochzeit**
Portionen: **1 Glas**
Schwierigkeit: **leicht**

Zutaten:

- 200 g Seidentofu
- 100 g Kichererbsen
- Saft einer Zitrone
- 1 Lorbeerblatt
- 3 Knoblauchzehen
- 2 EL Tahin
- Salz und Chilipulver nach Geschmack

Zubereitung:

1. Kichererbsen über Nacht mit der dreifachen Menge Wasser einweichen.

2. Am nächsten Tag die Kichererbsen abspülen und für gut 90 Minuten mit der doppelten Menge Wasser und dem Lorbeerblatt, sowie etwas Salz zum Kochen bringen.

3. Den Knoblauch schälen und grob schneiden.

4. Saft einer Zitrone auspressen.

5. Die abgekühlten Kichererbsen mit Tahin, dem Knoblauch und Tofu im Mixer pürieren und mit Salz, Chilipulver und Zitronensaft abschmecken.

6. In eine Schale füllen und noch einige Stunden im Kühlschrank durchzuziehen lassen.

Tipp: Jeder Dip und Aufstrich werden besser im Geschmack, wenn dieser Zeit hatte etwas durchzuziehen, dies gilt auch für Mayonnaise mit Knoblauch oder Kräutern.

147. Pflanzen Mayonnaise

Kalorien: 2515 kcal | Fett: 265 g | Kohlenhydrate: 7 g | Eiweiß: 11 g

Zubereitungszeit: **20 min**
Portionen: **1 Glas**
Schwierigkeit: **mittel**

Zutaten:

- 260 ml neutrales Öl
- 200 ml Sojamilch mit mindestens 1,8 % Fett
- 25 g Senf
- 1 EL Apfelessig
- 1 TL Salz
- Pfeffer nach Geschmack

Zubereitung:

1. Die Zutaten am besten schon etwas früher aus dem Kühlschrank nehmen, damit sie alle dieselbe Zimmertemperatur haben.

2. Senf und etwa 100 ml Öl im Mixer auf kleiner Stufe vermischen und nach und nach das restliche Öl zugeben.

3. Jetzt die Geschwindigkeit erhöhen und die Sojamilch langsam zugeben.

4. Den Apfelessig, das Salz und zum Schluss den Pfeffer nach Geschmack zugeben.

5. Mixen bis die Konsistenz zwar cremig, aber fest ist.

Tipp: Zimmertemperatur gilt auch für die klassische Mayonnaise. Mit einer Prise Kurkuma wird die Pflanzen Mayonnaise auch noch gelber, also der echten Mayonnaise ähnlicher.

148. Schnelle Tomatensauce

Kalorien: 131 kcal | Fett: 1,4 g | Kohlenhydrate: 21 g | Eiweiß: 9,97 g

Zubereitungszeit: 10 min
Portionen: 4
Schwierigkeit: leicht

Zutaten:
- 500 g Tomaten
- 1 Bund Basilikum
- 1 ½ TL Salz
- Pfeffer nach Geschmack

Zubereitung:

1. Die Tomaten waschen, den Stielansatz entfernen und in Scheiben schneiden.

2. Mit dem Salz in einer Schüssel etwa fünf Minuten Wasser ziehen lassen.

3. Inzwischen den Bund Basilikum waschen und bis auf die großen, dicken Stiele klein hacken.

4. Die Tomaten noch einmal gut durchrühren und in einen Topf umfüllen, auf den Herd stellen und zum Kochen bringen.

5. Mit dem Pfeffer abschmecken.

6. Mit dem Pürierstab komplett fein pürieren und zum Abschluss, den gehackten Basilikum unterrühren.

Tipp: Knoblauch, Oregano, Chili oder was auch immer Sie als Geschmackskomponente gerne hätten, können Sie hier untermischen.
Ohne dem Basilikum hält sich die Sauce in einem Schraubglas im Kühlschrank gut eine Woche.

149. Vinaigrette

Kalorien: 54 kcal | Fett: 5 g | Kohlenhydrate: 1 g | Eiweiß: 0 g

Zubereitungszeit: 10 min
Portionen: 1
Schwierigkeit: leicht

Zutaten:

- 1 Orange
- 1 TL Dijon Senf
- 1 EL weißer Balsamico
- 2 EL Olivenöl
- Salz und Pfeffer nach Geschmack

Zubereitung:

1. Die Orange auspressen und in einem Topf zum Kochen bringen. Bei großer Hitze auf etwa ein Drittel der Menge reduzieren.

2. Den Orangensaft etwas abkühlen lassen und mit Senf, Balsamico, Salz und Pfeffer glattrühren.

3. Das Olivenöl mit einem Schneebesen unterschlagen.

4. Eventuell noch einmal abschmecken oder frisch gehackte Kräuter nach Geschmack zugeben.

Tipp: Die Vinaigrette hält sich durch das Olivenöl im Kühlschrank zwar gut, wird aber trüb werden, da Olivenöl Kälte nicht gut verträgt.

150. Joghurt Dressing

Kalorien: 32 kcal | Fett: 1,5 g | Kohlenhydrate: 4 g | Eiweiß: 0,7 g

Zubereitungszeit: 10 min
Portionen: 1
Schwierigkeit: leicht

Zutaten:

- 1 TL frisch gehackte Kräuter nach Geschmack
- 15 g griechischer Joghurt (10 % Fett)
- 1 EL Weißweinessig
- Salz und Pfeffer nach Geschmack

Zubereitung:

1. Kräuter nach Geschmack waschen, zupfen und klein hacken.

2. Joghurt mit dem Essig mischen und glattrühren.

3. Die Kräuter darunterheben und mit Salz und Pfeffer abschmecken.

Tipp: Passt perfekt zu Gurken und Tomaten, sowie zu sommerlichen, knackigen Blattsalaten.

Abschließende Worte

Nun sind Sie am Ende dieses Buches angelangt. Sie haben nicht nur viele Informationen im Ratgeberteil erhalten, sondern wir hoffen, dass wir Sie mit dem ein oder anderen Rezept überraschen konnte. Nicht selten kommt man auf die einfachsten Dinge nicht, wie beispielsweise Spinat mit Kartoffeln und Spiegelei. Simpel und gut. Doch nicht jeden Tag ist es genau das, worauf man gerade Lust hat. Nach Abwechslung wurde also gefragt und die Antwort darauf haben Sie in diesem Buch erhalten.

Innerhalb der Rezepte haben Sie auch immer mal wieder Variationen gefunden, an denen Sie sich frei auslassen können. Ob Sie bei einem Dessert die Erdbeeren gegen Himbeeren austauschen, weil es Ihnen besser schmeckt, ist ganz alleine Ihnen überlassen. Ebenso verhält es sich mit dem Gemüse. Mögen Sie beispielsweise keine Möhren, so können Sie es auch gut und gerne durch ein anderes Gemüse Ihrer Wahl ersetzen. Und genau das ist ja das Tolle am Kochen: Letzten Endes obliegt alles Ihrer eigenen Fantasie und natürlich Ihrem Geschmack, welches kulinarische Highlight Sie zaubern. Probieren Sie sich doch einfach mal aus. Ändern Sie die Rezepte so ab, mit den Zutaten, die Ihnen besonders gut schmecken. Sie werden wahrlich erstaunt sein, welche Meisterklassen sich auftun werden.

Bitte beachten Sie an dieser Stelle aber, dass sich die Nährwertangaben auf das im Kochbuch vorgestellte Rezept beziehen. Wenn Sie Variationen einfügen, stimmen die Nährwertangaben nicht mehr überein.

Wenn Sie dieses Buch gelesen und es für gut befunden haben, dann teilen Sie doch Ihre Meinung mit anderen und bewerten dieses Buch auf Amazon. So merken wir auch, ob es Ihnen gefallen hat und können dies bei weiteren Kochbüchern aufnehmen. Mit Ihrer Meinung helfen Sie außerdem anderen Lesern und machen es möglich, dass mehr Menschen dieses Buch finden und beginnen, sich gesünder und nachhaltig zu ernähren. Zudem haben Sie aber auch die Möglichkeit, uns per E-Mail zu kontaktieren. Auf diesem Weg können Sie uns ebenfalls Lob und Kritik mitteilen – eben ein Feedback geben. Schreiben Sie uns gerne eine Nachricht, welches Rezept Ihnen besonders geschmeckt hat – oder welches nicht. Für Ideen, Wünsche und Anregungen sind wir immer offen. Nennen Sie uns auch gern Ihr Lieblingsrezept, das wir demnächst ausprobieren sollten.

Besuchen Sie uns auf Amazon für noch mehr Kochbücher:
Kitchen Champions: http://bit.ly/KitchenChampions

Wir sagen Danke!

Als besonderes Dankeschön erhalten Sie **völlig kostenlos 40 vegetarische Rezepte mit Nährwertangaben und Kochtipps!**

Klicken Sie einfach auf den folgenden Link (bzw. im Browser eintippen) um zu den kostenlosen Rezepten zu gelangen.

Link: http://bit.ly/40Rezepte

Hinweis: Sie können die Rezepte auch gerne ausdrucken oder auf Ihr Gerät herunterladen.

Wir wünschen Ihnen ein gelungenes Nachkochen der Rezepte!

BONUS: 14 Tage Ernährungsplan

Eine neue Ernährung ist immer am einfachsten, wenn Sie einen Plan haben, an den Sie sich entlang hangeln können. So ein Plan hat viele Vorteile. Sie bekommen ein Rhythmus in die neue Ernährung und können anhand von den hier vorgegebenen Strukturen Ihren eigenen Plan mit der Zeit entwickeln. Dieser Plan geht über 14 Tage, kann aber beliebig oft von Ihnen wiederholt werden. Der Plan beinhaltet pro Tag jeweils ein Rezept für Frühstück, Mittag- und Abendessen, sowie einen Snack, welchen Sie zwischendurch zu sich nehmen können.

Vielleicht waren Sie auch schon neugierig und haben sich den Plan angesehen. Dann wird Ihnen vielleicht aufgefallen sein, dass Sie hier Rezepte aus diesem Buch wiederfinden. Sie können die Rezepte natürlich nach Ihrem eigenen Geschmack zusammenstellen. Sehen Sie den Plan also wie eine Art Gerüst, das Ihnen bei den ersten Schritten in der vegetarischen Küche hilft. Wir wünschen Ihnen viel Erfolg!

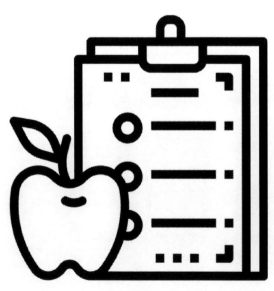

Tag 1

Frühstück (433 kcal):
Haferbrei (Rezept Nr. 9, Seite 37)

Mittagessen (323 kcal):
Couscous mit Linsen (Rezept Nr. 18, Seite 47)

Abendessen (722 kcal):
Kartoffel Curry (Rezept Nr. 39, Seite 69)

Snack (234 kcal):
Gemüsechips mit Dip (Rezept Nr. 51, Seite 82)

Gesamtumsatz/Tag:
- Kalorien: 1712 kcal

Tag 2

Frühstück (419 kcal):
Spinat Quesadilla (Rezept Nr. 53, Seite 84)

Mittagessen (254 kcal):
Kichererbsen-Salat (Rezept Nr. 108, Seite 143)

Abendessen (340 kcal):
One-Pot-Pasta (Rezept Nr. 43, Seite 73)

Snack (178 kcal):
Mango-Joghurt (Rezept Nr. 94, Seite 128)

Gesamtumsatz/Tag:
- Kalorien: 1191 kcal

Tag 3

Frühstück (173 kcal):
Energie-Start (Rezept Nr. 2, Seite 30)

Mittagessen (204 kcal):
Tofu-Gemüse-Pfanne (Rezept Nr. 20, Seite 49)

Abendessen (302 kcal):
Schneller Couscous Topf (Rezept Nr. 33, Seite 63)

Snack (400 kcal):
Süßkartoffel-Toast (Rezept Nr. 57, Seite 88)

Gesamtumsatz/Tag:
- Kalorien: 1079 kcal

Tag 4

Frühstück (188 kcal):
Vitamin C - Smoothie (Rezept Nr. 98, Seite 132)

Mittagessen (510 kcal):
Italienischer Nudelsalat (Rezept Nr. 115, Seite 150)

Abendessen (453 kcal):
Bunte Bulgur Pfanne (Rezept Nr. 32, Seite 62)

Snack (244 kcal):
Grünkohl-Chips (Rezept Nr. 47, Seite 78)

Gesamtumsatz/Tag:
- Kalorien: 1395 kcal

Tag 5

Frühstück (386 kcal):
Knuspermüsli (Rezept Nr. 6, Seite 34)

Mittagessen (461 kcal):
Antipasti-Gratin (Rezept Nr. 24, Seite 53)

Abendessen (189 kcal):
Griechische Reissuppe (Rezept Nr. 122, Seite 158)

Snack (414 kcal):
Überbackene Feigen (Rezept Nr. 59, Seite 90)

Gesamtumsatz/Tag:
- Kalorien: 1450 kcal

Tag 6

Frühstück (177 kcal):
Honigmelone (Rezept Nr. 91, Seite 125)

Mittagessen (295 kcal):
Gemüsepaella (Rezept Nr. 25, Seite 54)

Abendessen (195 kcal):
Pilzsuppe (Rezept Nr. 129, Seite 192)

Snack (70 kcal):
Wraps mit Reispapier (Rezept Nr. 113, Seite 148)

Gesamtumsatz/Tag:
- Kalorien: 737 kcal

Tag 7

Frühstück (729 kcal):
Kakaopfannkuchen (Rezept Nr. 13, Seite 41)

Mittagessen (185 kcal):
Wintergemüse (Rezept Nr. 30, Seite 59)

Abendessen (980 kcal):
Dinkelnudeln in Nuss Pesto (Rezept Nr. 34, Seite 64)

Snack (861 kcal):
Ananas-Kokos-Creme (Rezept Nr. 64, Seite 96)

Gesamtumsatz/Tag:

*   Kalorien: 2755 kcal

Tag 8

Frühstück (275 kcal):
Glutenfreie Pancakes (Rezept Nr. 14, Seite 42)

Mittagessen (566 kcal):
Gebratener Brokkoli (Rezept Nr. 19, Seite 48)

Abendessen (255 kcal):
Mangold überbacken (Rezept Nr. 45, Seite 75)

Snack (466 kcal):
Carob-Mandel-Pudding (Rezept Nr. 68, Seite 100)

Gesamtumsatz/Tag:

*   Kalorien: 1562 kcal

Tag 9

Frühstück (400 kcal):
Quinoa-Salat (Rezept Nr. 114, Seite 149)

Mittagessen (417 kcal):
Kartoffelsuppe (Rezept Nr. 128, Seite 164)

Abendessen (447 kcal):
Gnocchi (Rezept Nr. 41, Seite 71)

Snack (318 kcal):
Sommerspieß (Rezept Nr. 46, Seite 77)

Gesamtumsatz/Tag:
- Kalorien: 1582 kcal

Tag 10

Frühstück (278 kcal):
Erdbeer-Basilikum (Rezept Nr. 92, Seite 126)

Mittagessen (269 kcal):
Blumenkohl Polnisch (Rezept Nr. 110, Seite 145)

Abendessen (408 kcal):
Dicke Gemüsesuppe (Rezept Nr. 121, Seite 157)

Snack (458 kcal):
Club Sandwich (Rezept Nr. 58, Seite 89)

Gesamtumsatz/Tag:
- Kalorien: 1413 kcal

Tag 11

Frühstück (170 kcal):
Schokopudding (Rezept Nr. 5, Seite 33)

Mittagessen (560 kcal):
Grünkohl Auflauf (Rezept Nr. 21, Seite 50)

Abendessen (361 kcal):
Karotten Gulasch (Rezept Nr. 42, Seite 72)

Snack (286 kcal):
Polenta Sticks (Rezept Nr. 54, Seite 85)

Gesamtumsatz/Tag:
- Kalorien: 1377 kcal

Tag 12

Frühstück (239 kcal):
Sesam-Porridge (Rezept Nr. 10, Seite 38)

Mittagessen (359 kcal):
Karottenflan (Rezept Nr. 27, Seite 56)

Abendessen (347 kcal):
Gefüllte Paprika (Rezept Nr. 31, Seite 61)

Snack (399 kcal):
Parmesan Cracker (Rezept Nr. 56, Seite 87)

Gesamtumsatz/Tag:
- Kalorien: 1344 kcal

Tag 13

Frühstück (112 kcal):
Karotte-Ingwer (Rezept Nr. 102, Seite 136)

Mittagessen (150 kcal):
Halloumi-Röllchen (Rezept Nr. 16, Seite 45)

Abendessen (375 kcal):
Gemüsereis mit Wakame (Rezept Nr. 36, Seite 66)

Snack (328 kcal):
Grilled Sandwich (Rezept Nr. 60, Seite 91)

Gesamtumsatz/Tag:
- Kalorien: 965 kcal

Tag 14

Frühstück (194 kcal):
Matcha-Banane (Rezept Nr. 105, Seite 139)

Mittagessen (177 kcal):
Gefüllte Zucchiniblüten (Rezept Nr. 29, Seite 58)

Abendessen (379 kcal):
Linsenfrikadellen (Rezept Nr. 44, Seite 74)

Snack (142 kcal):
Crostini (Rezept Nr. 55, Seite 86)

Gesamtumsatz/Tag:
- Kalorien: 892 kcal

BONUS: Rezeptvorlagen zum Ausfüllen

Sie finden hier mehrere Rezeptvorlagen, die Sie für Ihre kreativen Rezepte nutzen können. Tragen Sie doch einfach Ihr Lieblingsrezept hier ein oder wie wäre es mit Ihrer geheimen Rezeptvariation, damit Sie diese nicht mehr vergessen?

Ihrer Kreativität sind keine Grenzen gesetzt. Wir wünschen Ihnen ein gutes Gelingen, viel Freude beim Experimentieren und natürlich eine ganz besondere kulinarische Sammlung, nämlich Ihre eigene!

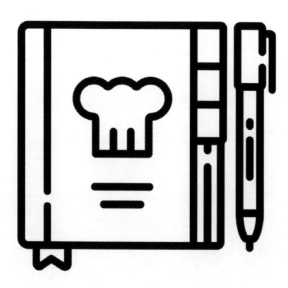

Rezept: _____

Zubereitungszeit: _____ **Portionen:** _____

Zutaten:

- _____
- _____
- _____
- _____
- _____
- _____
- _____

- _____
- _____
- _____
- _____
- _____
- _____
- _____

Zubereitung:

_____

_____

_____

_____

_____

_____

_____

Notizen:

_____

_____

_____

Rezept: _____

Zubereitungszeit: _____ **Portionen:** _____

Zutaten:

- _____
- _____
- _____
- _____
- _____
- _____
- _____

- _____
- _____
- _____
- _____
- _____
- _____
- _____

Zubereitung:

_____

_____

_____

_____

_____

_____

_____

_____

Notizen:

_____

_____

_____

Rezept: _____

Zubereitungszeit: _____ **Portionen:** _____

Zutaten:

- _____
- _____
- _____
- _____
- _____
- _____
- _____

- _____
- _____
- _____
- _____
- _____
- _____
- _____

Zubereitung:

_____

_____

_____

_____

_____

_____

_____

_____

Notizen:

_____

_____

_____

Rezept: _____

Zubereitungszeit: _____ **Portionen:** _____

Zutaten:

- _____
- _____
- _____
- _____
- _____
- _____
- _____

- _____
- _____
- _____
- _____
- _____
- _____
- _____

Zubereitung:

_____

_____

_____

_____

_____

_____

_____

_____

Notizen:

_____

_____

_____

Rezept: _____

Zubereitungszeit: _____ **Portionen:** _____

Zutaten:

- _____
- _____
- _____
- _____
- _____
- _____
- _____

- _____
- _____
- _____
- _____
- _____
- _____
- _____

Zubereitung:

_____

_____

_____

_____

_____

_____

_____

Notizen:

_____

_____

_____

Rezept: _____

Zubereitungszeit: _____ **Portionen:** ____

Zutaten:

- _____
- _____
- _____
- _____
- _____
- _____
- _____

- _____
- _____
- _____
- _____
- _____
- _____
- _____

Zubereitung:

_____

_____

_____

_____

_____

_____

_____

_____

_____

Notizen:

_____

_____

_____

Rezept: _____

Zubereitungszeit: _____   **Portionen:** ____

Zutaten:

- _____
- _____
- _____
- _____
- _____
- _____
- _____

- _____
- _____
- _____
- _____
- _____
- _____
- _____

Zubereitung:

_____
_____
_____
_____
_____
_____
_____
_____

Notizen:

_____
_____
_____

Rezept: _____

Zubereitungszeit: _____ **Portionen:** ____

Zutaten:

- _____
- _____
- _____
- _____
- _____
- _____
- _____

- _____
- _____
- _____
- _____
- _____
- _____
- _____

Zubereitung:

_____

_____

_____

_____

_____

_____

_____

_____

Notizen:

_____

_____

_____

Rezept: _____

Zubereitungszeit: _____   **Portionen:** ____

Zutaten:

- _____
- _____
- _____
- _____
- _____
- _____
- _____

- _____
- _____
- _____
- _____
- _____
- _____
- _____

Zubereitung:

_____

_____

_____

_____

_____

_____

_____

Notizen:

_____

_____

_____

Rezept: _____

Zubereitungszeit: _____ **Portionen:** ____

Zutaten:

- _____
- _____
- _____
- _____
- _____
- _____
- _____

- _____
- _____
- _____
- _____
- _____
- _____
- _____

Zubereitung:

_____

_____

_____

_____

_____

_____

_____

_____

Notizen:

_____

_____

_____

Weitere Kochbücher von den Kitchen Champions

Suchen Sie nach weiteren Kochbüchern/Ratgebern mit vielen wertvollen und interessanten Informationen sowie abwechslungsreichen und gesunden Rezepten? Dann empfehlen wir Ihnen unsere anderen Kochbücher!

http://bit.ly/HistaminintoleranzKochbuch

Schlemmen trotz Histaminintoleranz: Kochbuch mit 150 abwechslungsreichen & gesunden Rezepten für eine bessere Lebensqualität bei Histaminintoleranz. Inkl. Ernährungsratgeber & 14 Tage Ernährungsplan

ISBN: 9781695332232

http://bit.ly/5ElementeKochbuch

5-Elemente-Kochbuch für Anfänger!: Gesund kochen nach der chinesischen Ernährungslehre mit 150 abwechslungsreichen & leckeren Rezepten. Inkl. Einführung in die Traditionelle Chinesische Medizin / TCM

ISBN: 9781702369374

http://bit.ly/FructoseintoleranzKochbuch

Gesunde Ernährung trotz Fructoseintoleranz!: Kochbuch mit 150 gesunden & leckeren Rezepten für mehr Gesundheit & Wohlbefinden. Vitaminreicher Genuss trotz Unverträglichkeit! Inkl. Ernährungsratgeber

ISBN: 9781712452820

Notizen

Notizen

Rechtliches

Haftung für externe Links

Dieses Buch enthält Links zu externen Webseiten Dritter, auf deren Inhalt der Autor keinen Einfluss hat. Deshalb kann für die Inhalte externer Inhalte keine Gewähr übernommen werden. Für die Inhalte der verlinkten Seiten ist stets der jeweilige Anbieter oder Betreiber der Seiten verantwortlich. Die verlinkten Seiten wurden zum Zeitpunkt der Verlinkung auf mögliche Rechtsverstöße überprüft. Rechtswidrige Inhalte waren zum Zeitpunkt der Verlinkung nicht erkennbar. Eine permanente inhaltliche Kontrolle der verlinkten Webseiten ist jedoch ohne konkrete Anhaltspunkte einer Rechtsverletzung nicht zumutbar. Bei Bekanntwerden von Rechtsverletzungen werden derartige Links umgehend entfernt.

Urheberrecht

Alle Inhalte dieses Werkes sowie Informationen, Strategien und Tipps sind urheberrechtlich geschützt. Alle Rechte sind vorbehalten. Jeglicher Nachdruck oder jegliche Reproduktion – auch nur auszugsweise – in irgendeiner Form wie Fotokopie oder ähnlichen Verfahren, Einspeicherung, Verarbeitung, Vervielfältigung und Verbreitung mit Hilfe von elektronischen Systemen jeglicher Art (gesamt oder nur auszugsweise) ist ohne ausdrückliche schriftliche Genehmigung des Autors strengstens untersagt. Alle Übersetzungsrechte vorbehalten. Die Inhalte dürfen keinesfalls veröffentlicht werden. Bei Missachtung behält sich der Autor rechtliche Schritte vor.

Haftungsausschluss / Disclaimer

Die Nutzung dieses Buches und die Umsetzung der enthaltenen Informationen, Anleitungen und Strategien erfolgt auf eigenes Risiko. Der Autor kann für etwaige Schäden jeglicher Art aus keinem Rechtsgrund eine Haftung übernehmen. Haftungsansprüche gegen den Autor für Schäden materieller oder ideeller Art, die durch die Nutzung oder Nichtnutzung der Informationen bzw. durch die Nutzung fehlerhafter und/oder unvollständiger Informationen verursacht wurden, sind grundsätzlich ausgeschlossen. Rechts- und Schadenersatzansprüche sind daher ausgeschlossen. Dieses Werk wurde sorgfältig erarbeitet und niedergeschrieben. Der Autor übernimmt jedoch keinerlei Gewähr für die Aktualität, Vollständigkeit und Qualität der Informationen. Druckfehler und Falschinformationen können nicht vollständig ausgeschlossen werden. Es kann keine juristische Verantwortung sowie Haftung in irgendeiner Form für fehlerhafte Angaben vom Autor übernommen werden.

Impressum

Kitchen Champions wird vertreten durch:

Carsten Webermann
Zum Höst 9
26670 Uplengen
Deutschland
E-Mail: kitchenchampions@gmx.de

Covergestaltung: Fiverr
Coverbild: conssuella | depositphotos.com

Piktogramme:
- Icon made by photo3idea_studio from www.flaticon.com
  - Toaster Icon - Kapitel Frühstück
  - Food Icon - Kapitel Mittagessen
  - Fruits Icon - Kapitel Snacks
  - Pudding Icon - Kapitel Dessert
  - Juice Icon - Kapitel Smoothies
  - Picnic Basket Icon - Kapitel Für die Arbeit/Schule (zum Mitnehmen)
  - Fried Icon - Kapitel Aufstriche und Soßen
  - Diet Icon - Kapitel BONUS: 14 Tage Ernährungsplan

- Icon made by Nhor Phai from www.flaticon.com
  - Soup Icon - Kapitel Suppen

- Icon made by Freepik from www.flaticon.com
  - Dinner Icon - Kapitel Abendessen
  - Bread Icon - Kapitel Brot/Brötchen
  - Recipe Icon - Kapitel BONUS: Rezeptvorlagen zum Ausfüllen
  - Surprise Icon - Kapitel Wir sagen Danke!

Printed in Poland
by Amazon Fulfillment
Poland Sp. z o.o., Wrocław

51862008R00121